バチカン機密文書と日米開戦

共同通信社記者
津村一史
Tsumura Tadashi

dZERO

はじめに

私が住んでいたローマのバルドウィーナ地区は、中心部からテベレ川を西の郊外へ抜け、バスで一五分ほど上った山あいにあった。信じられないほど高くそびえた松の木が並び、これまた信じられないほど大きな松ぼっくりが年中転がっている。

イノシシの親子が車道を闊歩《かっぽ》する横を、大学生たちがおしゃべりをしながら歩いていく。近所の草むらには猫たちが集まり、「ネコおばさん」が持ってくるエサをつまらなそうに食べていた。街の至るところにあるフォンタネッラと呼ばれる水飲み場の傍《かたわ》らでは、手書きの初心者マークをガムテープで貼り付けたオンボロ車や教習車が、別の車のバンパーとぶつかりながら、無数の路上駐車の縦列に加わっていく。

大学の隣には、ひときわ目立つ邸宅があった。どこまで続いているのか判然としない広大な敷地に鬱蒼《うっそう》と茂った樹々。歴史を感じさせる立派な鉄扉《てっぴ》が時折開く際、中を覗《のぞ》き見るのだが、お屋敷にどんな人が住んでいるのかをうかがい知ることはできない。私や娘たちは漫画『ＨＵＮＴＥＲ×ＨＵＮＴＥＲ』に登場する建物になぞらえ、そこを「ゾルディック家」と勝手に呼んでいた。

私たち家族が二〇一七年から二〇二二年末まで、足かけ六年を過ごした五階建ての集合住宅は、ゾルディック家の向かい側の一角に申し訳なさそうに立っていた。築一〇〇年を超え、改修工事を繰り返し、手動でドアを開け閉めするエレベーターはしょっちゅう壊れていた。この家に高速インターネットは届いておらず、古びた雨戸はすぐにつっかかって動かなくなり、部屋の給湯器は夏冬問わずに故障する。「門番」を意味するポルティエーレと呼ばれる住み込みの管理人は、ことあるごとに高い修理代を請求してくるが、何も直さない。

使い物にならない給湯器に対し、文句も言わず冷たいシャワーを浴び続けてくれている妻と娘たちへの申し訳なさが限界近くまで募り出したころ、私は「バチカン機密文書」と出会った。

私が〝発掘〟したローマ教皇とバチカンにまつわる膨大な極秘資料群には、これまでの歴史の表舞台には決して現れることのなかった数々の秘話が克明に記されていた。とくに太平洋戦争に関する日米和平交渉についての記述には驚かされることたびたびだった。

通常はメディアに対して認められることがない、「バチカン機密文書館」での取材許可を特別に得て、目的とする史料を探し出す作業は困難を極めたが、その苦労は十分に報われたと考えている。

「戦争」にまつわる文書を解読するにあたって、私のこれまでの戦地や紛争地での取材が活きた部分が多少なりともあったのではないかと思う。今までにシリアやイラク、リビア、パレスチナ自治区ガザを訪ね歩いてきた。そして、ロシアが突然、軍事侵攻を開始したとき、ウクライナで取材した経験の影響はとりわけ大きかったと感じている。無辜《むこ》の市民、とくに、何の罪もない子どもたちが苦しみ、悲しみ、理不尽な日常に突き落とされる姿を目《ま》の当たりにするのはつらく、どうしてこの世から戦争はなくならないのだという思いを強くさせた。それは同時に、太平洋戦争の開始と原爆投下という、人類史上に例のない惨禍《さんか》を防ぐことがなぜできなかったのかという強い問いにもつながったのである。バチカン文書を読み込む上で、この問いは私にとってとても大切な視点となった。

本書は共同通信ローマ支局長としてイタリアで暮らした私の「バチカン機密文書取材記」である。併せて、新型コロナウイルスという、こちらも人類史に残る惨禍に襲われたローマでの生活がどのようなものであったかについても触れている。正体不明の病気で次々と人々が亡くなっていき、いつ家族や自分も感染するのではないかと怯《おび》えた日々を思い出すと、今でも胸が締め付けられるような苦しさを覚える。

そのような折《おり》にふと訪れた、私がこの長い取材の旅を始めるきっかけとなった出来事からつづっていこうと思う。

目次

第二章　それは「一枚の紙切れ」から始まった

第三章　「生き残ったら奇跡」というバチカンへの報告

第四章　バチカンに和平仲介を求めた松岡洋右

第五章　それでも止められなかった破滅的な戦争

第六章　「バチカンは満州国を承認した」は本当か

バチカン機密文書と日米開戦

＊本文中の敬称は省略しています。

第一章 原爆投下三カ月前の「極秘電報」

「ヒトラーの教皇」の機密文書

第二六六代ローマ教皇フランシスコが日本を訪れたのは、二〇一九年一一月のことだった。先先代のヨハネ・パウロ二世以来、教皇による三八年ぶり二度目となる訪日は、共同通信ローマ特派員の私にとってきわめて重要な取材テーマだった。

教皇は二〇一九年一月二三日朝、日本を訪問すると初めて公に打ち明けた。パナマ外遊に向かう教皇特別機の中で、機内にただひとりいた日本人記者である私に向かって、「一一月に日本へ行きます。心の準備をしておいてください」と述べたのだ。

それからの約一〇カ月間、私は準備に追いまくられることとなった。被爆地の広島と長崎を訪問することもその後わかり、関係者への取材や、教皇への単独インタビューの申し込みとその実現に向けた働きかけ、大量の各種予定稿の準備を進め、文字通り息つく間もない期間を過ごした。

そのような折《おり》、教皇フランシスコはもう一つ、きわめて重大な発表をしていた。「バチカン機密文書館」に眠る歴史資料群の公開だ。

教皇は二〇一九年三月に、今から一年後となる二〇二〇年三月、第二六〇代ローマ教皇ピウス一二世に関する機密文書をすべて公表すると決定した。

現教皇フランシスコの訪日にばかり頭が集中していた私は、この決定が意味する重要性を完全には理解できていなかったのかもしれない。

ピウス一二世の在位は、一九三九年三月一二日から一九五八年一〇月九日までだ。つまり第二次世界大戦の時期を丸々内包していることになる。これだけでも、記者として即座に反応すべきだと今から振り返ると反省するが、そのときの私の心はやはり教皇訪日のことで占められていた。

日本好きで知られる教皇フランシスコであるから、このタイミングであれば日本メディアのインタビューを受けてくれるかもしれない。教皇が普段、報道機関の単独取材に応じることは滅多にない。しかし、このチャンスを活かし、被爆地に関するフランシスコの平和への思いを聞き出すことができれば、核兵器廃絶に向けた世界への強いメッセージとなる。この千載一遇《せんざいいちぐう》の機会をなんとしてでもモノにしたい。逆に他の日本メディアに出し抜かれて、それをやられようものなら、自分は生きて日本に帰れない。そんな強迫観念にも似たおそれに襲われた私は、ピウス一二世に関するバチカン機密文書の取材にまで手が回らないでいた（教皇フランシスコへの単独インタビューは結局実現しなかった……）。

ピウス一二世は「ヒトラーの教皇」と呼ばれることがある。第二次世界大戦中のナチス・ドイツによるユダヤ人大量虐殺（ホロコースト）を止めるために積極的に働きかけることをせず、これを黙認したと指摘されているからだ（イタリアからの報道によると、この〝黙認〟をさらに裏づけるような史料がバチカン機密文書館に存在していたことも二〇二三年には明らかになっている）。

欧米社会におけるホロコーストへの関心はきわめて高い。ピウス一二世に関する機密文書が公開されたときの欧米メディアの反応の強さを見て、私は「日本メディアの記者としては、特段取り上げるべき内容が含まれる文書ではないのかな」というとんでもない勘違いをしてしまった。

世界中の研究者がバチカン機密文書館に閲覧の申し込みをしているさなか、私の関心はローマ教皇フランシスコの訪日に集中していた。教皇の訪日については、前著『法王フランシスコの「核なき世界」――記者の心に刺さったメッセージ』（dZERO）を参照いただけるとうれしい。

かくして、ピウス一二世がローマ教皇に選出された一九三九年三月二日からちょうど八一年がたった二〇二〇年三月二日、私が何の準備もできていない状態で、機密文書の公開は始まった。

書棚の長さは八五キロメートル

先ほどから私が「バチカン機密文書館」と何度も書いている建物の正式名称は、現在は実は違うものとなっている。元々はイタリア語で「Archivio Segreto Vaticano」《アーキヴィオ・セグレート・ヴァティカーノ》（バチカン機密文書館）という名称だった。Segretoは英語で言うところのシークレット（秘密）に当たる。Archivioは「文書館」「古文書館」、Vaticanoは「バチカンの」「ローマ教皇庁の」といった意味だ。これを、現ローマ教皇フランシスコは二〇一九年一〇月二二日付の自発教令《じはつきょうれい》で、「Archivio Apostolico Vaticano」《アーキヴィオ・アポストリコ・ヴァティカーノ》（バチカン使徒文書館）に改めると発表した。Apostolicoは「使徒の」といった意味があるが、私が共同通信の配信記事でバチカン機密文書の原稿を書く際は、説明が面倒なので、単に「バチカン公文書館」と表記するようにしていた。

ローマ教皇フランシスコが「バチカン機密文書館」から「バチカン公文書館」に名称変更したのには理由があった。それは、フランシスコ自身が発出した自発教令に明記されているが、イタリア語のSegretoに相当するラテン語「Secretum」《セクレートゥム》には元々備わっていなかったネガティブなニュアンスが広まってしまったからだというものだった。オープンな性格を演出し、物事の透明性を大切にする姿勢を示すフランシスコらしい理由と言える。

これらの改称は、ピウス一二世時代の文書を公開する動き自体とも当然リンクしている。先に述べたように、相当にセンシティブな時代を含む公文書を公開することになるわけだから、さまざまなハレーションも予想される。ところがフランシスコは「教会は歴史を恐れない」と述べ、文書公開に踏み切った。「自発教令」はイタリア語で「Motuproprio《モトプロープリオ》」と言って、教皇自身が決め、教皇自身が発出する重みのある声明である。

名称の話はこれぐらいにして、建物についても言及しておきたい。

八世紀以降の膨大な歴史文書を収蔵するこの建物「バチカン公文書館」はバチカン市国内にあり、書棚は、世界有数のコレクションを誇る「バチカン美術館」の地下、二つの階層にわたって広がっている。書棚の長さは八五キロメートルにも及び、六〇〇以上の分類棚があるというから驚きだ。バチカン美術館は、ミケランジェロの大傑作「最後の審判」が壁に描かれ、教皇選出選挙「コンクラーベ」が開かれる舞台ともなるシスティナ礼拝堂も内包する。その下に「宝の山」と称される「バチカン使徒文書館」の古文書群が眠っているのだ［写真①］。

八世紀から二〇世紀にかけての一〇〇〇年以上にわたる歴史を物語る史料を備え、世界で最も重要で名高い歴史資料館の一つとされる公文書館。そこには数百万枚の紙が保管されているというが、その正確な分量や中身は公文書館の職員でさえ、とても把握しきれていないだろう。現に後の取材で明らかになるが、公文書館の館長は、戦前から戦後の日本関係の文書がいったいどれぐらいあって、どのような中身なのかをほとんど知らなかった。

①普段は観光客で埋め尽くされる「バチカン美術館」のシスティナ礼拝堂。新型コロナウイルスにより閉鎖され、完全に無人となった。壁にはミケランジェロの「最後の審判」が描かれている。この地下には、二つの階層にわたって「バチカン機密文書」が収められた書庫が果てしなく広がっている

だからこそ、歴史的に価値ある文書を〝発掘〟するという、記者としての私の作業が成立するわけだが、その前に、思ってもみなかった障壁の存在を知ることになる。

世界最多の死者が出る街で

ローマ教皇フランシスコの日本訪問に同行した私は、二〇一九年一一月末にイタリアに帰ってきた。二〇一七年にローマに赴任した私は、この教皇同行取材が自分のイタリア在任中、最後の大仕事になるだろうと見込んでいたため（実際はそこからさらに三年以上ローマで働くことになるのだが）、精も根も尽き果てるまで全力を出し切り、質、量ともに自分で納得できる原稿を配信することができた。前述した『法王フランシスコの「核なき世界」』という本も書き、二〇二〇年四月に出版した。

自分のやるべきことはすべてやりきったと感じていたのだが、そのとき、振り返ってみれば、ピウス一二世時代のバチカン機密文書の公開は同年三月にすでに始まっていたのだ。つまり、この日本とバチカンの戦前から戦後にかけての歴史を紐解《ひもと》くという重要取材に関して、スタートダッシュに完全に失敗した自覚すらなかったことになる。

さらにはこのころ、イタリアでは新型コロナウイルスが大蔓延《まんえん》して、正直、仕事とか機密文書とか言っている場合ではない状況にもなっていた。正体不明の病気がまたたく間に広がり、イタリアは世界最多の死者数を記録し、移動や外出は制限され、感染がわかれば強制的に入院となり、多くの人が、家族と面会できないまま亡くなっていった。イタリア語も英語も十分に使いこなせない娘たちが、もしもこの未知の病気にかかり苦しみ、入院させられ、そのまま二度と会うことができず今生《こんじょう》の別れということになれば……。そんなことを考えると恐ろしくて恐ろしくて仕方なかった。

私は、シリア内戦やリビアやイラクの紛争、イスラエルと、パレスチナ自治区ガザを実効支配するイスラム組織ハマスとの戦闘、そしてロシアによるウクライナへの侵攻での戦場取材も経験し、生死を分けるような現場での仕事を重ねてきた。それでも、あの新型コロナウイルスが大流行し始めたころの恐怖は言葉にするのも難しいほど次元の違うものだった［写真②③］。

そうした経緯もあり、私が「よし。バチカン機密文書の取材に取り組んでみよう」と思いつくのには結構な時間がかかった。

イタリアで新型コロナウイルスの感染による死者が初めて確認されたのは、二〇二〇年二月二〇日から二一日にかけてのことだ。最初に二人だった死者はそこから一〇日足らずで五〇人を超えた。最初に確認された感染者は五一人だったが、二〇二〇年三月一日時点で一六九四人にまで膨れあがった。

新型コロナウイルスの影響はバチカンにも及び始め、ローマ教皇フランシスコの肝《きも》いりで大々的に開催される予定だった国際経済会議「フランシスコの経済」は延期されることとなった。二〇二〇年三月二六日から二八日にかけてイタリア中部アッシジで開かれるはずだったこの会議には、世界一一五カ国から約二〇〇〇人の若者が参加する見込みだった。バチカン関係者は延期の理由について「現在、中国や韓国、日本を含む国際的な移動が困難になっているため」と語った。

イタリアの新型コロナウイルスの感染の広がりは止まりそうもなく、二〇二〇年三月四日、イタリア政府は新型コロナウイルスによる死者が一〇〇人を超え、一〇七人となり、感染者は三〇〇〇人を上回ったと発表した。イタリア首相のコンテはこの日、感染拡大防止策をまとめた首相令に署名し、大学を含むすべての学校を閉鎖すると発表した。映画館や劇場も事実上閉鎖し、国民にハグや握手をやめるようにも呼びかけた。日常的な挨拶《あいさつ》として、頬《ほお》と頬を合わせたキスを当たり前にするイタリア人にとって、政府がハグや握手をやめるよう命じてきたことは、相当な違和感があったと思う。

それだけ異例な事態に陥っていたということでもあるし、ローマで暮らしていた私や妻、娘たちも、とんでもないことになったと感じていた。ただ、これは序盤の序盤にすぎず、ここから年単位での、現実とは思えない現実が続いていくとは夢にも想像していな

②イタリアの首都ローマの「スペイン広場」。映画「ローマの休日」の撮影場所として知られ、普段は人でごったがえしていた観光名所も新型コロナウイルスによる外出禁止令によって完全なる無人となった（上）
③ローマのバール（立ち飲み喫茶店）、外出禁止令がいったん解除された2020年5月18日。飲食店の再開も許可され、店主は人生初のマスクを着用し、カウンターや床に対人距離を取るためのテープも貼って準備したが客はまったく来ず。店はまもなく閉店した（下）

かった。コンテは明くる日の二〇二〇年三月五日、その月の末に予定していた国会議員削減に関する国民投票を延期すると発表した。

私はこの異常事態にとりあえずマスクや消毒液を確保しようとしたが、その段になって初めて、イタリアの人たちはマスクや消毒液なんてものを普段一切使わないということに思い当たった。近所の薬局に行っても、それらのものは売っていない。売り切れたわけではなく、そもそも売っていないのだ。そういえばローマ教皇フランシスコに同行して、日本の空港に着いたとき、一一月末という寒い季節だったこともあり、行き交う人々の中にマスクを着けてる人が結構いたのだが、一緒にいたイタリア人の記者たちの目には相当奇異に映ったようだった。「なんで今通り過ぎた人たちはマスクをしていたんだ?」「日本では何か細菌テロが起きているのか?」「いったいどういうことなんだ」とかなり真剣な表情で質問攻めしてきた記者たちがいて、なるほど、この人たちはマスクなんてしたことないんだろうな、習慣の違いだなと得心した。

そんな調子なので、ローマで新型コロナウイルスが蔓延し始めたときも、薬局で「マスクをください」「消毒液はありますか」などと店員に聞いても「は? 何それ? ていうか、お前ら中国人のせいでよくわかんない病気はやってるよな」という反応をされるのが関の山だった。「私は中国人じゃない」と答えたところで意味はないので、いくつもの薬局を回るのだが結果は同じだった。

ただでさえアジア人への差別が苛烈《かれつ》なイタリアで、このころ、中国人への嫌がらせは激しさを増していた。ローマで時々、食事をしていた有名な中華料理店では、嫌がらせに耐えられなくなった中国人の従業員たちが国に帰ると言い出し、閉店を決めたということもあった。このころは本当に「コロナはすべて中国のせい」という風潮だったので、客も激減し経営が成り立たなくなったという話だった。

イタリア全土で外出禁止令が出され、まるごとゴーストタウンのようになった地方の町では、誰かが亡くなるたびに教会の鐘《かね》が響き、火葬場に入りきれない遺体が軍用車で次々にどこかへ運び出されていった。こうした事態がようやく収束し、世界最悪の感染者数を出しながらも、一日当たりの新規感染者数が減少傾向に入ったのは、二〇二〇年の四月上旬になってからのことだった。

出口など、まだまだ見えるはずもなく、実際にそこからのコロナ禍での生活は、私がローマから日本に帰ることになる二〇二二年一二月の時点でも続いていたのだが、だからといって縮こまって、何もせずに暮らしていくというわけにはいかなかった。もちろん仕事の大半は、新型コロナウイルスに襲われたイタリアの状況を克明《こくめい》に伝えていく、ということであったし、〝先行〟事例を日本の読者に知らせるのは意義深い仕事だったと思う。

そうは言っても、ほかの取材もしたいなと考え始めたところで、私は「バチカン機密文書」の存在を思い出した。

史料発掘の発端

それは本当に、ふとした瞬間に訪れた。

二〇二〇年の初夏、私は共同通信ローマ支局にひとりでいた。「ローマ支局」と言うと、立派なオフィスを思い浮かべるかもしれないが、集合住宅の一室を借りて、机を置いているだけの場所だ。私の肩書はローマ支局長だったが、私以外に記者はおらず、部下もいない。現地スタッフは二人いたが、新型コロナウイルスの影響で、彼らには支局への出勤をやめてもらい、在宅勤務をお願いしていた。

コロナの毎日の死者数と感染者数を報じる記事を出し、イタリア政府の施策について取材を続けるのにもうんざりしていたころだ。例年の夏であれば、終戦にまつわる企画でも考えるところなのに、今年はそれどころではないのかなとの考えもよぎっていた。

「終戦」——。

バチカンと日本の関係を絡めて何か記事を出せないかな。そういえばローマ教皇フランシスコの訪日に合わせ、第二次世界大戦にまつわる取材を進めたことを思い出した。

教皇が歴史的な訪日をし、被爆地の広島と長崎も訪れるということだから、さまざまな多角的な記事が必要になる。とにかく何でもいいからと、何か、とっかかりが欲しいと思い情報を探していたとき、外務省のホームページの「外交史料Q＆A　昭和戦前期」というコーナーに記載されていた質問が目に留《と》まった。冒頭に「Question」とある。

「太平洋戦争末期、バチカンで太平洋戦争を終戦に導こうとする工作があったというのは本当ですか？」

これに対して、「Answer」と書かれた答えの書き出しは明快だった。

「本当です」

そして、これに続ける形で、一九四五年五月、バチカンの「ローマ法王庁ヴァニョッチ(Vagnozzi)司教」が、在バチカン日本公使館の嘱託顧問を務めていた「富沢《とみざわ》孝彦《たかひこ》師」に日米和平を実現するための橋渡しをしてほしいと申し出ていた旨《むね》が書かれている。「法王」は「教皇」のことで、「ローマ法王庁」と「ローマ教皇庁」は同じものを指す。

一九四五年五月といえば、第二次世界大戦の末期で、広島と長崎に原爆が投下される三カ月前のことである。人類史に残る惨劇が引き起こされる直前に、日本とアメリカの戦争を止めようとする動きがあったのか。しかも、私が今、拠点を置くローマにあるバチカン市国の関係者が仲介する形で水面下での工作が行われていたとは……。

その後、いろいろと取材を進める中で、これが歴史家の間では知られた話だったということを知り、ローマ特派員であるにもかかわらず無知でいたことを恥ずかしく思ったものだが、このときの私は新たな取材のきっかけを見つけたことで興奮を覚えていた。

実際、これらのバチカンによる日米和平工作の話を基《もと》にして、バチカン機密文書館での〝史料発掘〟を試みたところ、専門家や歴史家も含めて、まだ世の中にまったく知られていなかった新たな歴史秘話が次から次へと私の眼前に現れてきたのだから、このときの「興奮」は間違っていなかったと言える。そしてこの〝発掘〟の前段として、バチカンや日本の関係者への取材を数々重ねていったからこそ、その後「バチカン機密文書館」で見つけ出した史料群の価値に気づくことができたのだとも、あらためて今、感じている。

その後、バチカン機密文書館で掘り出していった「歴史の証拠物」たちを前に、自分の力量でこれらすべてを適切に分析し、読者にうまく伝わる文章にまとめることができるだろうかと心配になるほど、それらの圧倒的な史料群に記された「新事実」は貴重な情報にあふれていた。手前味噌《てまえみそ》だが、その中の一つをまとめた記事については、日本のバチカン研究の第一人者が「これをずっと探していた。すごすぎて言葉が出ない」と感嘆してくださったほどである。

「あるアメリカ人」とは何者か

話を外務省ホームページの「外交史料Q&A　昭和戦前期」に戻そう。そこには、ローマ教皇庁司教のヴァニヨッチが、在バチカン日本公使館の嘱託顧問である富沢孝彦師に申し出をする前に、ヴァニヨッチに接触してきた人物がいたことが記されていた。その人物について、外務省のホームページは「一米人」とだけ書いている。つまり、「一人のあるアメリカ人」というわけだ。そのアメリカ人は、ヴァニヨッチに対して日本とアメリカの和平問題について「日本側と接触するための橋渡しをしてほしい」と依頼してきたという。このことをヴァニヨッチは富沢に伝える。そして、富沢はこれをさらに、当時、駐バチカン日本公使を務めていた原田健《はらだけん》に報告したのだという。

「あるアメリカ人」はヴァニヨッチに、アメリカ政府はソ連の極東進出を警戒していることから、アメリカ側から日本に複数の休戦条件を提示する準備があると述べた。これに対し、原田健が「素性・目的とも明確でない人物とこのような交渉を行うことはできないとの観点から、消極的な回答を先方に伝え」たと外務省ホームページには記載されている。

この回答を受けた「あるアメリカ人」は再びヴァニヨッチを通じて、今後、日本側からアメリカ側に何かしら伝達したいことがあれば取り次ぐ用意がある旨を伝えてきたというが、その後、日本とアメリカ政府の間で具体的な和平交渉が始まることはなかった。以上のことが外務省ホームページの「外交史料Q＆A　昭和戦前期」に書かれていたすべてである。

私は外務省が公式に「バチカンで太平洋戦争を終戦に導こうとする工作があったというのは本当だ」と認めていることを知り、非常に興味深く感じたのだが、このホームページに書かれていることだけ読んでも「何だかよくわからない」というのが正直な感想でもあった。ここに書かれてあることから「バチカンが日米終戦に向けた和平工作を行った」と言うのは、なんとも大げさな気もする。だいたい「あるアメリカ人」とは何者なのか。それもわからない。最初に「本当です」という文字が目に入ったときの興奮はやや冷めて、ローマ教皇フランシスコの日本訪問に合わせた記事にできるような話ではないのかもしれないと思い始めたのだが、外務省ホームページには、よく見ると次のようなことも書かれていた。

「この終戦工作については、外務省記録『大東亜戦争関係一件　「スウェーデン」、「スイス」、「バチカン」等ニ於ケル終戦工作関係』に関連記録が収められています」

この一文を読み、私の興奮は戻ってきた。記録は国立公文書館のアジア歴史資料センターのホームページで見られるらしい。さっそく、当該のページへ飛んだ。

まず目に留まったのは「極秘」という文字。昭和二〇年の六月三日、つまり一九四五年の六月三日にバチカンから出されたものらしく、手書きで「原田公使」と記載されているように読める。どうやら、駐バチカン日本公使の原田健が日本本国に向けて送った電報のようだ［写真④］。

「絶対極秘」という文字も見える。宛先《あてさき》は「東郷外務大臣」とあるから、これは一九四一年から一九四二年にかけてと、一九四五年四月九日から、終戦の翌々日に当たる一九四五年八月一七日まで外務大臣を務めた東郷茂徳《とうごうしげのり》のことを指すのだろう。

つまり、第二次世界大戦が終わる二カ月あまり前に、駐バチカン日本公使の原田健が、日本の時の外務大臣に宛《あ》てて出した極秘の報告ということになる。これが七ページ。そして、もう一つ、昭和二〇年六月一二日、つまり一九四五年六月一二日に、やはり駐バチカン日本公使の原田健から、外務大臣の東郷茂徳に宛てた「絶対極秘」報告の電報もある。こちらは三ページだ。

読者からの、いいから早く電報の中身を言え、との声が聞こえてきそうだが、この時点で私にもその中身はわからなかった。というのも、この史料に記載されている文字はすべて手書きなのだ。古い漢字やカタカナが使われているのに加え、あまりに達筆すぎて、ほぼ読めない。「ヴァニヨッチ」とかろうじて読める箇所もあるが、文章が意味を成してくれるほどの解読には至らない。何日間かかけて、繰り返し繰り返し「読もう」としてみたのだが、結果ははかばかしくない。部分的に「ああ、これは『富澤』だな、在バチカン日本公使館の嘱託顧問の名前か……」と思うことはあるのだが、富沢孝彦師の名前が出てくるのはすでにわかっていたことだ。

ローマと東京での時差がある中で、日本のオフィスアワーに合わせ（ローマでは早朝だったり、未明だったりするのだが仕方ない）、アジア歴史資料センターや外務省にいろいろと問い合わせの電話もしてみたが、「基本的に自分で頑張って読み解いてもらうしかない」とつれない返事が返ってくるばかりだ。

この達筆な字で書かれた文章を自分で解読するのはちょっと無理そうかなと心が折れかけたのだが、私は同時並行で、さまざまな取材先や専門家に話を聞き始めた。バチカンが日米和平交渉に関わったということをぼんやりながら知っている人もいたし、ある程度のことを知っている人もいた。その中で、私の関心を引いたのは、現ローマ教皇フランシスコの出身母体でもある修道会「イエズス会」の機関紙『チビルタ・カットリカ』が一九七〇年代に、バチカンによる和平工作についての内幕を詳しく報じたことがあるとの情報だった。

私はチビルタ・カットリカの現編集長で、教皇フランシスコの個人的な相談相手も務める神父アントニオ・スパダーロに取材し、この一九七〇年代の記事を入手した。そこに

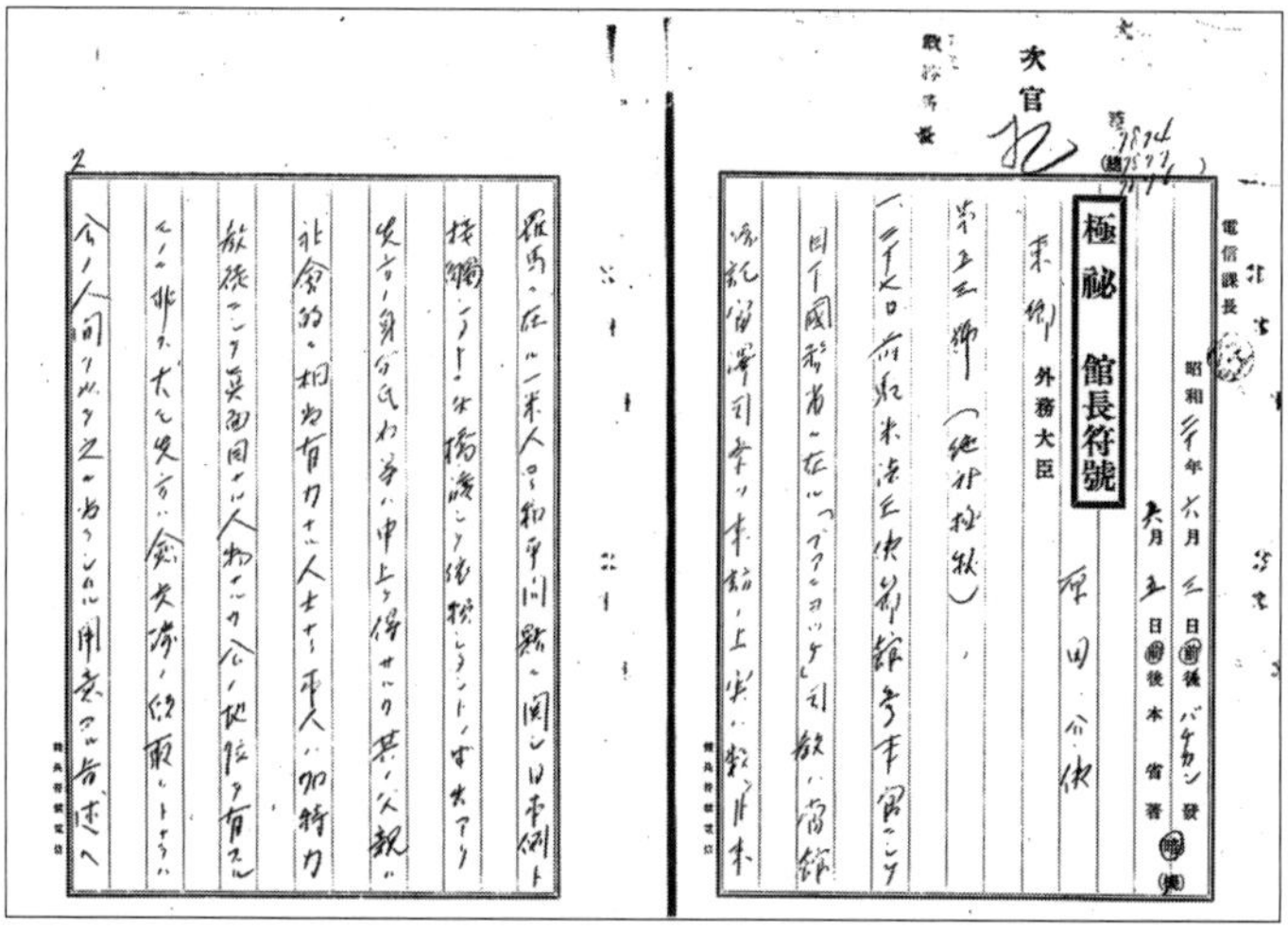
極秘　館長符號

電信課長

昭和二〇年六月三日前後バチカン發

六月五日前後本省着

東郷外務大臣

原田公使

④初代駐バチカン日本公使の原田健が本国外務省に送った極秘の報告。旧字体で手書きされていて「解読」が難しい

は、日本の外務省ホームページにはただ「あるアメリカ人」とだけ記されていた人物の素性が書かれていたし、そこからさらに情報をたどると、なんとその「あるアメリカ人」による著作が存在することもわかった。その人物の名前は「マーティン・S・キグリー」。本のタイトルは『PEACE WITHOUT HIROSHIMA（広島なき平和）——SECRET ACTION AT THE VATICAN IN THE SPRING OF 1945（一九四五年春のバチカンにおける隠密《おんみつ》行動）』というものだった。

そして、「あるアメリカ人」こと、マーティン・S・キグリーの正体は、CIA（中央情報局）の前身組織の特務機関であるOSS（戦略情報局）の工作員だったということもわかった。つまりは第二次世界大戦という人類史上、未曾有《みぞう》の規模の戦争が行われていたさなかに、まさに戦闘を繰り広げている敵国である日本に接触を図ってきたアメリカのスパイ、それが正体だったわけである。危険な任務に就《つ》いていた男だったということを知り驚いたが、そんな極秘任務を遂行しようとした人物が後に、自ら本を出版していたということにも驚いた。自己主張の強いスパイもいたものである。

この古い本を苦労して手に入れた私は、むさぼるようにこれを読んだ。英語で書かれており、意味がよくわからないところもあるが、スパイ本人が書いた内幕だけあってべらぼうに面白い（もちろんすべて事実かどうかは疑って読む必要はあったが）。

さらに関係者の取材を進める中で、私は前述の外務省記録『大東亜戦争関係一件「スウェーデン」、「スイス」、「バチカン」等ニ於ケル終戦工作関係』の活字版も入手することができた。

戦時中に駐バチカン日本公使を務めた原田健なる人物が、昭和天皇の信頼の厚い外交官として、初めて日本からバチカンに派遣された公使だったということも知り、さらには、原田健の右腕として、在バチカン日本公使館で活躍した外交官、金山政英《かなやままさひで》が『誰も書かなかったバチカン――カトリック外交官の回想』（一九八〇年、サンケイ出版）という本を著していたこともわかった。

以上のさまざまな情報を総合し、取材の内容を加味して整理すると、外務省ホームページに書かれていた「バチカンでの日米和平を目指した仲介工作」とは次のようなものであったということが浮かんできた。

「秘密裏の日米交渉の場を用意する」

「こんなことを言わなければならないのは残念ですし、あなたを困惑させることにならなければいいのですが、日本がこの戦争に勝つ見込みがまったくないことは明らかです。すでにあなたの国はアメリカからの爆撃にとても苦しんでいますし、まもなく連合国軍の総攻撃も始まることでしょう」

イタリア出身で、バチカンに仕える司教エジディオ・ヴァニョッチは一九四五年五月二七日午後、バチカン市国内にある聖職者たちの宿舎「サンマルタ」の一室で、在バチカン日本公使館の嘱託顧問で、司祭の富沢孝彦にこう切り出した。

サンマルタ宿舎は、現在のローマ教皇フランシスコが暮らしていることでも知られる建物だ。ヴァニョッチと富沢はこの宿舎に住み、時折、顔を合わせ、食事を共にすることもある間柄だったという。昼食を取り、食堂でひとりたたずんでいた富沢にヴァニョッチが近づき、富沢の部屋でお茶を飲むことになった。

ヴァニョッチが富沢に近づいたのには理由があった。

これに先立ち、ヴァニョッチは「あるアメリカ人」こと、OSS（戦略情報局）のマーティン・S・キグリーから数カ月をかけて接触されていたのだ。

アメリカのスパイであるキグリーは、アメリカ政府の意向を日本側に伝えるため、まず在バチカン日本公使館を通そうと考えた。そこで目を付けたのが、在バチカン日本公使館の嘱託顧問を務める富沢であり、富沢と話ができる間柄にあるヴァニョッチだったというわけだ。なぜ富沢に直接コンタクトせず、ヴァニョッチに狙《ねら》いを定めたのかは明白だ。この和平工作にバチカンとローマ教皇とを巻き込みたかったからにほかならないだろう。

すでに絶望的な戦況に追い込まれていた日本が、アメリカとの和平交渉を進めるため、窓口となってくれる仲介役を探すとしても、その候補となり得る国は相当に限られていた。その中で、第二次世界大戦であっても確かな中立を保ち、宗教国家として独自の立ち位置を持つバチカン市国とその元首ローマ教皇は、日米和平を実現させるプレイヤーとなる可能性を持った数少ない存在だった。

キグリーはアメリカ人ビジネスマンを装ってヴァニヨッチに近づいたが、ヴァニヨッチが富沢に申し出をする前日に、ヴァニヨッチに自らがＯＳＳのスパイであることを打ち明け、その真の目的も伝えている。キグリーからの打診に、最初は困惑し、迷ったヴァニヨッチだったが意を決して行動に移したのだ。

ここでバチカン市国のサンマルタ宿舎にある富沢の居室に舞台は戻る。ヴァニヨッチは、バチカンの日刊紙『オッセルバトーレ・ロマーノ』が報じる太平洋での最新の戦況についても触れながら、富沢の様子をうかがった。そして、「あるアメリカ人」がこの戦争を終結させるため「秘密裏の日米交渉の場を用意すると言っている」と切り出した。ヴァニヨッチはキグリーの指示通り、彼がＯＳＳのスパイであることは伏せて、「あるアメリカ人のビジネスマン」とだけ述べた。さらに、このことを在バチカン日本公使館に伝えるよう、頼み込んだ。

突然の申し出に驚いた富沢に、ヴァニヨッチが畳《たた》みかける。

「誰もが、無用な流血や人命の喪失、言葉に言い表せない破滅を阻止する努力をする義務を負っています。ましてや、神に仕える者であれば、誰よりもその努力をしなければならないはずです」

このときから三カ月もたたない後に、広島と長崎で現実に「言葉に言い表せない破滅」が起き、未曽有の「無用な流血や人命の喪失」を防ぐことができなかったことを思うと、このときのヴァニヨッチの必死の説得を後押ししたくなる。

富沢は、ヴァニヨッチのこの言葉に対して、ため息と共にこう返答している。

「私はいつも、平和のために祈っています。全人類の平和のためにです」

この答えに手応えを感じたヴァニヨッチは、戦争を起こすことは簡単だが、終わらせることのほうがきわめて難しいことは歴史が証明している、と述べ、富沢の説得を続けた。

二〇二二年にロシアによる侵攻で始まったウクライナでの戦争や、イスラエルとパレスチナ自治区ガザのイスラム組織ハマスとの紛争が終わりの見えない衝突になっていることを考えると、ヴァニヨッチの言葉は今のわれわれにも重く感じられる。

結局、ヴァニヨッチからの打診を受け入れることにした富沢は、その翌日には、初代駐バチカン日本公使である原田健に面会を申し入れている。そこで、富沢と原田、そして原田に呼ばれる形で、在バチカン日本公使館の書記官である金山政英も同席した。

ここで富沢は「一人のアメリカ人」がヴァニヨッチを通じて、アメリカ政府からの和平案の提示をしてきたと打ち明けるのだ。ただ、和平案といってもそれは端的に言えば、降伏要求としか言えないものだった。

アメリカ軍は日本本土を占領するつもりはなく、天皇制に手を付ける予定もない。だから、日本は降伏すべきであり、和平交渉のテーブルにも着く必要がある。要約するとそうした提案について、原田と金山は悩みに悩んだという。

金山の著書『誰も書かなかったバチカン――カトリック外交官の回想』によれば、この「和平案」を本国に打電するか否《いな》かで意見が大きく二つに分かれてしまい、「侃侃諤諤《かんかんがくがく》の議論」が数日間にわたって行われた。つまり、和平案と言いつつ、その実「降伏要求」である提案の内容を、日本国民が命をかけて戦っているさなかに報告するべきではない、という意見が一つ。他方、外交官は軍人ではないのだから、戦争が始まったときから和平のことを考えるべきで、任地で得た情報はそのまま正確迅速に伝えるべきであるという意見。

前者の考えの中には、「誤解なく本国政府に伝えることが出来ればいいが、まかり間違えば、出先の外交官がアメリカのスパイに踊らされて、敗北主義に陥ったと思われかねない。そうなれば、私たちは国賊ものだろう」という心配も含まれていたと、金山はこの著書の中で心情をこう明かしている。

ただ、金山は相当に気骨のある外交官だったとみられ、断固としていち早く本国に報告すべしという主張をしたようだ。さらに、これは後にさまざまな取材を経た今、私が勝手に想像することだが、駐バチカン日本公使の原田健も、この「和平案」を日本本国、とくに昭和天皇に何としても知らせるべきだと考えたのではないか。

先に述べたように、原田は昭和天皇に非常に近く、信頼されていたことで知られる。太平洋戦争がすでに始まっていた一九四二年に、日本はバチカンと外交関係を樹立し、原田はこれに合わせ、駐バチカンの初代特派使節、つまり初代駐バチカン日本公使に任命されたのだ。昭和天皇がバチカンと国交を結ぶ必要があると考えたのは、アメリカとの戦争が始まった場合、その幕引きを図るためにもバチカンの力が必要になるときがくると分析されたからだという証言もあり、原田が富沢から「あるアメリカ人」の「和平案」を聞いたとき、このことを考えなかったはずはない。

真偽のほどは不明だが、「あるアメリカ人」こと、ＯＳＳスパイのキグリーの著書『広島なき平和』の中には、原田が、この電報を打つか打たざるかを議論しているさなか、金山に対して、聞き取れないほどの小さな声で「これから、妻にさえ打ち明けていないことを言う。私がこの公使に任命されたとき、天皇陛下ご自身から、和平の可能性を見逃さないように警戒を怠らないようにとご指示を賜《たまわ》ったのだ」と述べたと書かれている。

黙殺された二本の電報

かくして、原田は金山らと協議の上、本国に「絶対極秘」の報告を行うという決断をすることになる。ただし、その中身を見ると、非常に神経を使い、また苦心している様子がうかがえる。表向き、「あるアメリカ人」の申し出をとりあえず放置したと書かれているが、その実、本国から「そのアメリカ人と水面下の交渉に入る準備をせよ」との指示が来ることを期待していたのではないかとも想像する。そうした思惑もにじむこの電報は、前述したように、国立公文書館のアジア歴史資料センターのホームページで現在閲覧できるようになっているが、手書きの達筆の上、古い漢字やカタカナ混じりの文章になっているため「解読」には苦労した。以下、私なりに「現代語訳」したものを載せておこう。

ちなみに、ヴァニヨッチはバチカン国務省という、いわゆる外務省に当たる役所に勤めていた外交官で、後にローマ教皇の最高顧問である枢機卿《すうききょう》に就任している。この経歴から考えても、彼がバチカンの中における重要人物だったことは明白だし、「あるアメリカ人」ことOSS（戦略情報局）のスパイだったキグリーが目を付けたのもうなずける。

以下、駐バチカン日本公使の原田健が、時の外務大臣、東郷茂徳に宛てて送った電報の現代語訳である。

電信課長
昭和二十年　六月三日前　バチカン発
六月五日前　本省着
極秘　館長　原田公使
東郷外務大臣
（絶対極秘）

二十七日、前の駐アメリカの羅馬（ローマ）教皇使節館参事官で、現在はバチカン国務省に勤めている「ブアニヨッチ」（津村注・原文ママ）司教が、在バチカン日本公使館の嘱託である富澤司祭を訪ねてきて、こう言った。
「数カ月にわたって羅馬（ローマ）に滞在している、あるアメリカ人から、（日米の）和平問題に関し日本側と接触したいため、橋渡しをお願いしたいと申し出があった。先方の身分や氏名などは申し上げるわけにはいかないが、その人物の父親は、社会的に相当有力であり、本人自身もカトリック教徒で真面目な人物である。ただ、彼は公の身分、地位を持っているわけではないので、先方は、交渉の段取りということになれば、公の人間をもって、これに当たらせる用意があると言ってきている。

本件の申し出の背景としては、ヨーロッパでの戦争が終結したとは言っても、その後の蘇聯（ソ連）の態度によって、政局がますます悪化の兆しを見せているということがある。ひるがえって極東においては、蘇聯（ソ連）はおそらく戦争の最後の段階に参戦し、満洲を手中に入れ、中国共産政府をそそのかして、その地盤を確保しようとするということも考えられる。これまでの戦況を鑑《かんが》みれば、アメリカ側が今後、必ずや多大なる犠牲を払わなくてはならなくなることや、日本側にとってみれば、すでにこの戦争に勝利する見込みがないことははっきりしている。アメリカ側が挙げるであろう休戦条件として、このアメリカ人がさしあたって忖度《そんたく》できるものは、占領地を返還すること、陸海軍の武装解除、朝鮮の占領などだとしていて、国体問題には触れていないし、（アメリカ政府は）日本本土を占領することは考えていないと思われると説明している。ただ、本件は対蘇聯（ソ連）の関係上、きわめて機《き》微《び》な問題であるので、この点、注意が必要だと付言しておく」

しかるに、（和平の）条件内容が荒唐無稽であることと、本件人物が果たして何者なのかを「ブアニヨッチ」が絶対に明言してこないだけでなく、その目的がどのあたりにあるかに関しても、いろいろと疑わしい点があるため、私（原田）としては、これをしばらく放置しておくことにした。「ブアニヨッチ」からなにがしかの回答を督促してきたため、富澤を通して、この際、日本側に和平促進の意向なしと信じており、しかも、公の立場にある者なのか、何者であるかもわからない人物と、このような問題をうんぬんできないことは言うまでもない。先方が言っているように、公の背景を持っていることが確認でき、アメリカ側として、何か日本側に伝達したいことがあるということになれば、これらのことを考慮してもいいだろう。ただし、もし、和平条件というのがいわゆる無条件降伏であるのならば、まっぴらなりと簡単に回答しておいた。（六月二日起草）

原田と金山が、一日千秋《いちじつせんしゅう》の思いで返事を待ったことは想像に難《かた》くないが、結果を言ってしまうと、この極秘電報は黙殺されることになる。

いつまでたっても、本国からの回答や指示は来ず、一〇日後の六月一二日付で、原田はもう一本の「絶対極秘」電報を打った。その中で「ブアニヨッチ」を通して、「あるアメリカ人」が、アメリカの公的な立場の人物かアメリカ政府の名において日本政府に伝達したいことがあると言ってきた旨が記されている。さらには将来、日本政府側よりアメリカ側に何か伝えたいことができた場合は、この「あるアメリカ人」が「いつでも連絡の労をとる」と申し出ている旨も記載されている。

原田が、自身や部下の金山らが国賊扱いされないように配慮した、ぎりぎりの表現を使って日本政府に和平の道を模索するべきだと訴えているようにも見える。電報の最後に記された「御参考迄」（ご参考まで）の文字が痛々しく映る。

この二本目の「絶対極秘」電報に対しても、本国日本から返事や指示がくることはなく、これら一連の動きは完全に黙殺されたのである。

これをもってして、いわゆるバチカンを舞台とした日米和平工作は終幕を迎えた。

私はこれらを、ローマ教皇フランシスコの訪日前に一通り調べ、その一部を共同通信から記事配信していた。それが二〇一九年一一月下旬のことだ。

そして、この太平洋戦争に関する日本とバチカンをめぐる動きについてまとめたことを、古びた共同通信ローマ支局が入る集合住宅で思い出したのが、二〇二〇年初夏のことだ。新型コロナウイルスが猛威を振るっていたものの、最初期の正体不明の病気によって、いつ自分が死んでもおかしくないという恐怖で震えていた時期は過ぎていたころだった。

以上のような日本バチカン関係の情報を基に、「バチカン機密文書館」で古文書〝発掘〟

に取り組んでみようと思い立った「ふとした瞬間」がようやく来たのだ。次章から、探し出してきた文書によって明らかになった歴史秘話を一つ一つ紹介していこうと思う。

第二章
それは「一枚の紙切れ」から始まった

教皇のイラク訪問とワクチン接種

第二六六代ローマ教皇フランシスコが、歴代教皇で史上初めて中東イラクを訪問したのは二〇二一年三月五日のことだった。教皇フランシスコは二〇一九年一一月に日本を訪問して以来、外遊を中断していた。日本からバチカンに帰国してからほどなくして、新型コロナウイルスのパンデミック（世界的大流行）が始まり、一年四カ月にわたり外遊を中断せざるを得なかったのだ。フランシスコは教皇に就任した二〇一三年以来、訪日までに約五〇の国と地域を訪れ、「あちこち旅する教皇」とも評されており、これだけの長期間、外国訪問を控えたことはそれまで一度もなかった。

共同通信ローマ特派員だった私にとっては、教皇フランシスコのイラク訪問は重要な取材日程となった。訪日以来の外遊再開という意義もあるし、さらに言うと、私は若いころに共同通信の中東特派員としてエジプトのカイロ支局を拠点にして、紛争が続くイラクに何度も取材に赴《おもむ》いた経験もあったため、そうした個人的な思いも重なっていたのだ。私が中東に駐在した当時は、イスラム過激派組織「イスラム国」（ＩＳ）がイラク北部を実効支配していた時期で、危険な目にもたびたび遭《あ》いながら、現地の様子を日本に伝え続けた。その場所で、キリスト教カトリックの頂点に立つローマ教皇が宗教の融和を訴えるというのだ［写真⑤］。

イラク出発を前にした二〇二一年二月に、私は新型コロナウイルスのワクチン接種を受けた。まだ、世界的に見てもワクチンが開発されて間もないころで、イタリアでも一般向けの接種は始まっていなかったと思うが、教皇のイラク訪問に同行する記者団に、バチカンがワクチンの接種を義務づけたのだ。同行記者団は、教皇が外遊する際は、行きも帰りもローマ教皇特別機に同乗し、教皇と握手や言葉を交わすので、お互い感染の危険性がある。世界中に一三億人の信者がいるカトリックの最高指導者である教皇に、万が一、コロナをうつしてしまったら……。さらにそれが原因で、教皇が亡くなるといったことになれば……。

当時はワクチンが開発されたばかりで、陰謀論好きのイタリア人はコロナ禍やワクチンを開発した製薬会社について、あることないこと好き放題に噂《うわさ》していた時期だ。私はそれをばかばかしいと思いつつも、こんなに早い時期にワクチン接種を受けることに一抹《いちまつ》の不安を覚えていた。「陰謀」はなくとも、予想外の副作用に襲われることは十分考えられる（実際、私はその後、コロナワクチンによるとみられる副作用によって、ウクライナの戦場でひどい目に遇《あ》った）。しかし接種を拒否すれば、ローマ教皇の歴史的なイラク訪問に同行できない。私は観念し、呼び出された日時に、バチカン市国にある記者クラブに参上した。

バチカンの記者クラブは、初代ローマ教皇ペトロの遺体が地下に安置されているとされる、サンピエトロ大聖堂が立つサンピエトロ広場の前にある［写真⑥］。記者クラブというと、日本特有のものだと思われている人もいるかもしれないが、バチカンにも「記者クラブ」としか呼びようのない団体がある。オープンスペースに加えて、各社ごとのブースがあり、バチカンに常駐する報道機関の拠点となっている建物がある。

日本の記者クラブは、当局からの発表情報に依拠しすぎた報道をしたり、記者クラブに所属する報道機関以外を排斥しようとしたりするところがよく批判されるが、バチカンの記者クラブもまったく同じだ。排他的なところは日本以上かもしれないし、ローマ教皇の外遊のときには、バチカンから同行記者団に事前に配布される各種資料に頼り切って記事を書く者もたくさんいる。バチカンを担当する記者のことを「バチカニスタ」と呼ぶことがあり、欧米各国から派遣され、長年ローマに駐在している「バチカニスタ」の中には特権意識にまみれた鼻持ちならない人物も少なからずいた。

私は、そんなバチカニスタたちと共に、バチカン記者クラブにある記者会見場の廊下で、立ったまま、かなりぞんざいな感じでファイザー製の新型コロナウイルスワクチンの接種を二回にわたり受けた。

当初は世界最多の死者数を出し、このままこの国は滅びるのではないかとさえ感じたイ

⑤ローマ教皇として歴史上初めてイラクを訪問する途上のフランシスコ。筆者の前著を手に取っている。新型コロナウイルス禍のさなか（2021年３月）で、教皇や教皇庁職員、同行記者団もみなマスクを着用していた（上）
⑥バチカンのサンピエトロ大聖堂。新型コロナウイルス禍で、人気はなく、警備に当たる警察の姿のみ。背後のバチカン市国内にはローマ教皇フランシスコが暮らし、太平洋戦争の日米和平工作の舞台ともなったサンマルタ宿舎が立っている（下）

タリアで、「むき出し」のまま一年あまりを生き延びてきた私は、ワクチン接種を受けたことで初めて「守られている」という安堵《あんど》の感覚を持つことができたのも事実だ。あの正体不明の病気に家族全員で怯《おび》え続けた日々の大変さは、実際に体験した者でないと想像できないだろうなと思う。

一回目の接種直後、青空が広がる下、バチカンから歩いて我が家のほうへ向かって歩いているとき、まだワクチンの効果があらわれるわけもないのに、ものすごい開放感がこみ上げてきて、世界が一変したかのような気分になったのを覚えている。漫画『ジョジョの奇妙な冒険』でディオ・ブランドーが無敵の肉体を手に入れ、「最高に『ハイ！』ってやつだアアアアア」と叫んだときの気持ちが少しわかったような気がした。テンションが上がってしまい、バチカン最寄りの地下鉄駅オッタビアーノの近くにある食料品店「カストローニ」で、インスタントラーメンの「出前一丁」をたくさん買い込んでしまったのを覚えている。

立ちはだかる壁

これで心置きなく、ローマ教皇フランシスコのイラク訪問に同行できることになった。

しかし、同行中に考えなければならない別の懸案事項もあった。

それは「バチカン機密文書に関する記事をいつ配信するか」というものだった。

そう、二〇一九年のローマ教皇フランシスコの訪日のときにはとても手が回らず、ほったらかしにしていた「バチカン機密文書取材」を、私は二〇二〇年初夏に遅まきながら開始し、このときすでに、日本バチカン歴史秘話を明かす原稿一式「第一弾」を完成させていた。社内調整や、その日の世の中全体のニュースの多寡《たか》を見極め、あとは記事配信を待つばかりという段階まで来ていたのだ。

私が、「バチカン機密文書館」での取材を本格化させたのは、イタリアで暮らしたり仕事したりする上で、新型コロナウイルスとの付き合い方がおぼろげながらも見えてきたころだ。さっそくバチカン機密文書館での閲覧を申し込もうとしたのだが、実は早くも壁に突き当たった。

第二六〇代ローマ教皇ピウス一二世の時代の文書をすべて公開すると、バチカン元首のローマ教皇フランシスコが言っているのだから、申請しさえすればすぐに貴重な文書の数々が見られると私は思っていたのだが、それほど甘くはなかった。よくよく聞いてみると、「公開」されている機密文書は「学者や、学識経験者、各国政府関係者」にしか閲覧が許されていないらしい。われわれ記者は公開の対象外というのだ。

私は正面からバチカン機密文書館の担当者に抗議し「ローマ教皇フランシスコは文書公

開の方針を発表したとき、『ローマ・カトリック教会は歴史を恐れない』とおっしゃった。その趣旨に照らせば、われわれ報道機関にも文書を公開するべきではないのか」と主張してみたが、先方はひとこと「認められない」と、にべもない反応だ。

さらに、よしんば閲覧が認められたとしても、バチカンはイタリアをはじめヨーロッパの他国同様、新型コロナウイルスの感染対策を取っており、バチカン機密文書館への入場は相当厳しい人数制限がかけられているという。そんなこんなで、予約は一年先まで埋まっているというではないか。そして、それまで公文書館などでの文書取材を経験してこなかった私は知らなかったのだが、文書館に入れたとしても、それだけで「こういうものが見つかったらいいな」という文書がほいほい出てくるものではないらしい。

バチカン機密文書館で言えば、すべての文書がデジタル化されているわけではなく、デジタル化されていたとしても、ネットでキーワード検索するような感覚で文書探しができると考えてはいけないそうだ。あらかじめかなり詳細な狙《ねら》いを定めて、文書のタイトルによって、「これが当たりかな」という史料を選別し、文書館の職員にコピーを出してもらい、中身を確認する。

第一章で述べたような、バチカン美術館の地下に広がるバチカン機密文書館の書棚に直接入れるわけでもなく、あくまで職員を通して〝発掘〟を進めなければならない。一年越しで予約が数日間取れたとしても、一日当たりに文書館に滞在できる時間は限られており、文書館内では建物に入る段階で携帯電話も預けなければならない。荷物もロッカーに置いて外部との連絡を断たれるし、一日に閲覧を申請できる文書はわずか三つのみだという。タイトルだけで申請を申し込むので、場合によってはその日閲覧しようとした三つの文書が三つとも内容のない「はずれ」ということも十分あり得る。

眼前に立ちはだかったハードルの数々に私の気は遠くなった。

最初の〝発掘〟文書

そんなに大変なのか……。

それだけの困難が待ち構えているとわかっていても、挑戦するだけの価値があるだろうか。報道機関に文書が公開されていないのであれば、ローマに常駐するほかの日本メディア、朝日新聞や読売新聞の記者に、何かスクープをすっぱ抜かれるというおそれも少ないのではないか。こんな労多くして、成果に結びつくかどうかもわからない作業を進んでやる必要があるのか。

正直に言うと、もうやめてしまおうかな、と易《やす》きに流れてしまいそうな、そんな思いも頭をもたげ始めていた。しかし、自分がローマに赴任している間に、ローマ教皇フランシスコが戦前から戦後にかけての機密文書の公開を始めたということの意味をあらためて考え、これも何かの縁だと諦《あきら》めないことにした。

　これは後に知ることになるのだが、バチカン研究をずっと続けてきた日本の学者たちは、このまたとない〝歴史発掘〟の機会が来たにもかかわらず、新型コロナウイルスによる渡航制限により、指をくわえて日本にいることしかできず、歯がゆい思いをしていたという。さらに、日本を代表する大手出版社もバチカン機密文書館に眠る「日本の記憶」を掘り起こそうと一大プロジェクトをぶち上げたのだが、これまたやはり新型コロナウイルスによって思うように作業を進められなかったらしい。結果として、バチカン機密文書の日本関係の報道が、私の独壇場になったのは、このとき諦めなかったからのひとことに尽きると思う。

　なにはともあれ私は、二〇二〇年初夏から、それまでに知り合った取材先や、ありとあらゆるツテを使い、またバチカン機密文書館との交渉も続け、なんとか、機密文書館で取材する機会を得ることができた。しかも、正規の予約待ち一年を経ずに、二〇二一年の一月には、最初の入館を許されることになったのだ。

　そして、共同通信ローマ支局の助手二人とも力を合わせ、われわれは、第一章で触れたようなバチカンによる日米和平仲介の動きに関する文書がないかを探して回った。太平洋戦争にまつわる、日本とバチカンが関係する文書、たとえば、「昭和天皇がアメリカとの戦争を終わらせるためにバチカンに和平仲介を依頼していた」ことを示す史料であるとか、日米和平の仲介を試みようとしたバチカン国務省職員の司教エジディオ・ヴァニョッチが動いた裏には、「ローマ教皇ピウス一二世の指示があった」というようなことを証明する外交文書などが〝発掘〟できたら、大スクープだなと夢見ながら、作業を進めた［写真⑦］。

しかし、前述したように、バチカン機密文書館での文書探しは簡単ではない。さらに、私に力を貸してくれている助手二人はイタリア人で、日本の歴史はほとんど知らない。アメリカのOSS（情報戦略局）のスパイが暗躍し、バチカンの司教エジディオ・ヴァニョッチや、在バチカン日本公使館の嘱託顧問で司祭の富沢《とみざわ》孝彦《たかひこ》を通じて、日本政府に和平案を打診してきた話も説明していたが、ピンときている様子はない。

そんな中、助手のひとりが「津村さん、このような文書は、まったく記事にはならない、つまらない内容だと思うのですが、日本のことも少し書いていますので、一応報告します。一枚の紙だけで分量も少ないですし、本当に記事にはならないと思います」と言ってきた。

結果的にこのとき助手が私に見せた一枚の紙が、われわれが最初に発掘した「当たり」

のバチカン機密文書ということになった。後に、日本のバチカン研究の権威に意見を聞いたところ、「日米和平の仲介に取り組んでいた司教ヴァニヨッチが、個人として動いたわけではなく、もっと上のレベルの人間も承知した上で、バチカンとして日米和平を実現させようとしていた可能性を強くうかがわせる貴重な文書」との意義付けをいただいた。私としても、ヴァニヨッチの動きは、時のローマ教皇ピウス一二世にも報告されていたと考えるのが自然ではないかと思っていたので、この「一枚の紙切れ」はとても興味深く感じられた。

秘密のやりとりはイタリア語で？

この一枚の紙切れのタイトルは「オッセルバトーレ・ロマーノ紙が報道した日本からの戦争報道についての文書」というものだった。

正確にはこのタイトルは文書自体のタイトルではなく、バチカン国務省が文書を分類して保管する際につけたインデックスのようなものらしかった。というのも、この「紙切れ」は正式な文書でもないとみられ、宛先《あてさき》や文書作成者についての記述がない。

私は、この「オッセルバトーレ・ロマーノ紙」という言葉に見覚えがあった。

第一章で触れたが、バチカン国務省職員で司教のエジディオ・ヴァニヨッチが、在バチ

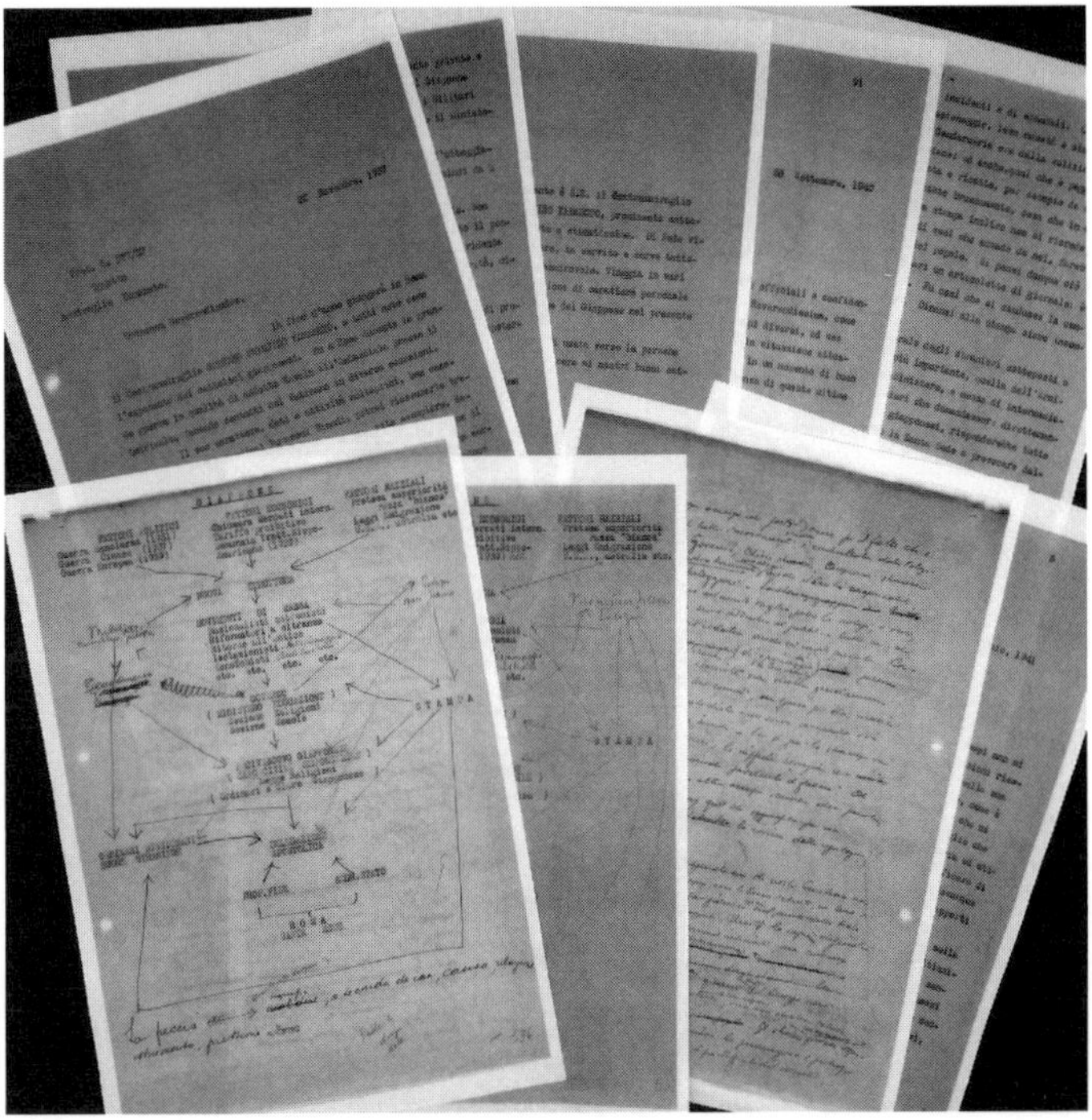

⑦バチカン文書の例。こうした中から「一枚の紙切れ」が見つかった

カン日本公使館の嘱託顧問で司祭の富沢孝彦に、日米和平の仲介を共にしようと働きかけた際の会話に出てきた、バチカンの日刊紙の名前がそれだ。

ヴァニヨッチはそこで、オッセルバトーレ・ロマーノ紙が報じる太平洋戦争の戦況について言及した上で、富沢に「和平案」の話を切り出したのだ。

『オッセルバトーレ・ロマーノ』は、バチカンの公式の新聞である。機関紙と言ってよく、現在も毎日発行されており、ローマ教皇の動静やバチカンの施策について、もらさず、詳細に報じている日刊紙だ。一八六一年に創刊されたというから、日本の江戸時代から発行されている歴史ある新聞ということになる。私の知り合いの外交官は、「北京に駐在するとき、中国共産党の機関紙『人民日報』を隅から隅まで読まなければならないのと同じで、バチカンに駐在するなら毎日『オッセルバトーレ・ロマーノ』を熟読しなければならない」と言って、オッセルバトーレ・ロマーノ紙の位置付けについて解説してくれた。ちなみにオッセルバトーレはイタリア語でOsservatoreと書き、辞書を見ると「観察者」「監視者」「オブザーバー」という意味だとの記載がある。ロマーノ（Romano）は「古代ローマの」という意味なので、オッセルバトーレ・ロマーノは「古代ローマの監視者」ということになるのだろうか。

話を「一枚の紙切れ」に戻す。その紙切れには、おそらく二つに分かれた文章がイタリア語で書かれていた。いずれも文字は活字で打たれている。紙切れの上部に書かれた文章には日付がなく、下部に書かれた文章には、「一九四五年五月四日」との日付がある。

そういえば、「文章はイタリア語で書かれている」と書いたが、バチカンの公用語はラテン語である。それから通常、バチカンの外交文書というのはフランス語で記載されている。理由はよくわからないが、昔はヨーロッパでの共通語（現代で言う英語みたいなものか?）はフランス語だったからという説明を聞いたことがある。ただバチカンにおいて、ラテン語やフランス語が実際に完璧にできる人は、それほど多くはないのではないかと思う。

教皇フランシスコの先代に当たるベネディクト一六世は二〇一三年二月に、きわめて異例な生前退位の意向をラテン語で「教皇職を辞することを宣言する」と述べることによって表明した。枢機卿《すうききょう》会議という、メディアもいる場での発表だったにもかかわらず、ラテン語を解し即座に速報を打てたのはイタリア国営のＡＮＳＡ通信の女性記者だけだったと聞く。

バチカン機密文書館に保管されている文書の中にも、ラテン語やフランス語で書かれたものは結構あるのだが、これらには、中身的にあまりそそられるものは少なかったという印象がある。ラテン語やフランス語で書き残された文書は「公式」なものということになるので、すでに表に出ているケースが多いからだろう。それを踏まえると、バチカンで日常的に使われ、実質的な公用語とも言えるイタリア語で書かれた文書には関心を引かれるものが多かった。本当に機微《きび》に触れる、秘密のやりとりは基本的にイタリア語で交わされていたのだと思う。

われわれが最初に「発見」したこの紙切れも、イタリア語で書かれた非公式なもので、中身はかなり興味深いと感じられた。

偶然とは思えない符合

この「一枚の紙切れ」だが、一読しても意味がよくわからなかった。この時期の歴史をほとんど知らないイタリア人助手が「記事にならない」と考えても仕方なかったかもしれない。繰り返し読んでみて、「紙切れ」の下部に書かれ、日付のある文章のほうが先に作成されたもので、上部にある日付のない文章のほうが逆に、後から作成されたものだということに思い当たってから、だいぶ理解が進んだ。

さらに一九四五年五月四日という日付に注目していて気づいたことがあった。第一章で言及した、バチカン国務省職員で司教のエジディオ・ヴァニヨッチに対して、アメリカのＯＳＳ（戦略情報局）のスパイ、キグリーが近づき、関係を深めていったのが、ちょうど一九四五年五月なのだ。これらを踏まえて、紙切れのイタリア語の文章を訳してみた。まずは日付のある、下部の文章だ。これは後のバチカン関係者への取材によって、バチカン国務省から、オッセルバトーレ・ロマーノに宛《あ》てて出された内密の通達である可能性が高いことがわかった。

一九四五年五月四日
極東での戦争についてのニュース報道に関して
オッセルバトーレ・ロマーノ紙は、日本の情報源によるニュースよりも、連合国側の情報源に基づいたニュースを優先して報道する傾向があるように思われる。公平性の欠如がある。日本はきわめて神経質になっている。注意せよ。

当局たるバチカン国務省が、機関紙といえども、報道機関のオッセルバトーレ・ロマーノ紙に「公平性が欠如している」と指摘するのは、いささか常軌を逸しているように思える。日本はきわめて神経質になっているから「注意せよ」と報道内容に介入し、圧力をかけるかのような通達を出しているのも、どうにもバチカンらしくない。

二〇一九年に私がローマ教皇フランシスコの日本訪問に同行した際は、出発前にバチカンの広報担当者が報道陣に対し「言うまでもないことですが、同行記者団に選ばれたからといって、あなたたちメディアがバチカンに気を遣うことはありません。あなたたちが何を報道するか、何を報道しないのか、どのように報じるか、すべて完全にあなたたちの自由です」と述べていた。私はバチカンのメディアに対する敬意を感じたのだった。

このエピソードを思い返してみても、このバチカン国務省の通達文が示す報道への「圧力」は少々異常な感じがする。では、この通達文が指摘しているオッセルバトーレ・ロマーノ紙の報道とはどのようなものだったのか。これの答えは、「一枚の紙切れ」の上部に記載されていた文章を見れば、浮かんでくる。文章に日付はないものの、内容からして、それはバチカン国務省の通達文が出された後に作成されたものだろうと推察できる。つまり、その文章は、オッセルバトーレ・ロマーノ紙側からバチカン国務省に宛てて出された、文字通り「返信」だと思われる。それは次のように書かれていた。

オッセルバトーレ・ロマーノは入手した情報は原則すべて報道している。もし日本からの情報を入手すれば、われわれがドイツから入手した情報を常に報道しているのと同様に報道するだろう。ただし、日本の通信社やラジオ局から、戦争に関する報道はわれわれのところに届いてこない。大使館（津村注・在バチカン日本公使館を指していると思われる）から時折提供される情報のうち、可能なものについては報道している。ただし、日本軍がどれだけのアメリカの艦船と戦闘機を破壊したかという統計だけについては報道の対象から除外している。アメリカ側が出している統計と矛盾しているからだ。だからオッセルバトーレは、この統計については、日本側のものも、アメリカ側のものも報道していない。

バチカン国務省からの通達に対して、オッセルバトーレ・ロマーノ紙が猛反発していることがうかがえる。私の取材を加味すると、この反論文を書いたのは、おそらくオッセルバトーレ・ロマーノ紙の編集局長だ。バチカン国務省側が指摘していたのは、太平洋戦争に関する報道についてであったことがわかるし、日本の大本営発表が主張していた（おそらくは実際よりはるかに大きく水増しした）「戦果」が、アメリカ側の発表する統計と矛盾していることに、バチカンの新聞社が気づいていたというのも興味深い。

連合国側と戦っていたドイツの国名をあげているのにも関心を引かれる。バチカン国務省のオッセルバトーレ・ロマーノ紙への通達が出されたのが一九四五年五月四日で、ドイツが連合国に無条件降伏したのが一九四五年五月七日。オッセルバトーレ・ロマーノ紙が「返信」したのがいつかは定かではないが、ドイツが無条件降伏した時期に前後してのことだろう。

一九四〇年九月二七日に調印された軍事同盟、日独伊三国同盟に加わった国のうち、まずイタリアが一九四三年九月八日に、連合国に無条件降伏する。そして今述べたようにドイツは一九四五年五月七日に無条件降伏した。最終的には日本もポツダム宣言を受け入れて無条件降伏し、太平洋戦争は一九四五年八月一五日に終戦を迎えるわけで、このバチカン国務省とオッセルバトーレ・ロマーノ紙とのやりとりが交わされたのは、そのわずか三カ月前だということがわかる。日本軍が絶望的な戦況に追い込まれ、うそにまみれた大本営発表を垂れ流していた時期だ。

繰り返しになるが、日米和平の仲介をバチカンに行わせるため、アメリカのOSS（情報戦略局）のスパイ、キグリーが、バチカン国務省職員で司教のエジディオ・ヴァニヨッチに近づき、工作が佳境を迎えていたのもこの時期である。そして、ヴァニヨッチが意を決して、在バチカン日本公使館の嘱託顧問を務める司祭、富沢孝彦にバチカンのサンマルタ宿舎で働きかけ、オッセルバトーレ・ロマーノ紙のその日の朝刊に載っていた太平洋戦争の最新戦況について話題にしたのは、一九四五年五月二七日のことだ。バチカン国務省がオッセルバトーレ・ロマーノ紙に通達を出した日と非常に近接しているのは偶然ではないだろう。

さらに、ヴァニヨッチが富沢に、日米和平の仲介案について切り出した際、ヴァニヨッチが、ドイツの無条件降伏について言及したこともわかっている。そこでヴァニヨッチは、ドイツが占領される前に降伏していたら、ドイツ国民が戦争末期の数週間で味わった、すさまじい荒廃による苦しみを避けられただろうと述べ、日本でその悲劇を繰り返してはならないと、富沢を説得しようとしたというのだ。

以上の、偶然とは思えないいくつもの符合を併せ考えると、次のような推察ができると私は考えた。

アメリカのOSSスパイだったキグリーが、バチカン国務省に所属する外交官のヴァニヨッチに目を付け、近づき、工作を進めていたところ、ヴァニヨッチのほうでもバチカン上層部に状況を逐一報告していた。キグリーは当初、自らの正体を明かさなかったというが、世界中に独自の情報網を張りめぐらせているバチカン側が、キグリーについて何も把握していなかったとは考えづらい。ヴァニヨッチは後に、ローマ教皇の最高顧問である高位聖職者の枢機卿に就任するし、当時から、バチカンのかなり上のレベルの人物たちとも近い関係にあったらしい。だからこそ、キグリーもヴァニヨッチに狙いを定めたのだ。

さらに付け加えるなら、私が後に〝発掘〟したバチカン機密文書に記載されていた情報を鑑《かんが》みれば、バチカン元首にして、ローマ教皇庁の最高指導者であるピウス一二世が、このキグリーの動きを知らなかったはずはないのだ（〝発掘〟したその文書については後の章で詳しく述べようと思う）。

いずれにしても、このとき、バチカンという国家としても、なんとか、日本とアメリカの戦争を終わらせ、仲介役を担うことによって、破滅的な結果を回避できないかという意志が働いていたとみるのが自然な状況だった。ヴァニヨッチが個人として独断で動いていたとはとても思えないのだ。

しかし、ローマ教皇以下、バチカン全体として動いたとしても、仲介が容易に成る状況ではないことも事実だった。

日本に降伏を求めようとするアメリカ側はともかく、絶望的な戦況に追い込まれている日本政府の態度はきわめて頑《かたく》なだ。ことを相当慎重かつ迅速、またうまく運ばなければ、日本政府を「和平交渉」のテーブルにつかせることすら難しいだろう。その難事を成すためには、少なくともまずバチカンが、仲介役として日本政府に信用してもらう必要がある。それが難しいことは、ヴァニヨッチを通して、在バチカン日本公使館の嘱託顧問で司祭の富沢孝彦から「和平案」の打診を受けた、駐バチカン日本公使の原田健《はらだけん》や、日本公使館書記官の金山政英《かなやままさひで》の対応ぶりを見ても明らかだろう。

原田と金山は、アメリカ側からバチカンの司教を通して打診されてきたという「和平案」を本国日本に報告するかどうかについて何日も悩み、議論し、自らが国賊扱いされるおそれも感じながら、「報告」に踏み切ったのだ。それほど、当時の日本が「降伏」ということに対し、神経質になっていたことがうかがえる。

バチカンが仲介役を果たそうとする中で

以上のような推察を踏まえると、われわれが発見した「一枚の紙切れ」に書かれていたことの意味がさらにわかってくる。

つまり、バチカンとして、日本とアメリカの仲介役を果たし、この破滅的な戦争をなんとか終わらせようと苦心しているさなか、バチカンの機関紙であるオッセルバトーレ・ロマーノ紙が、連合国側に肩入れするような「公平性を欠いた」報道をしている。ただでさえ頑なな態度を崩さない日本政府側を、どうにか説得して糸口を見つけようとしているのに、その「きわめて神経質」になっている日本を怒らせるような報道を繰り返しているオッセルバトーレ・ロマーノ紙はけしからん、「注意せよ」という通達ではなかったのか。それに対してのオッセルバトーレ・ロマーノ紙編集局長の反論を見てみても、この推察は外れていないのではないかと考える。

バチカン関係者や研究者、歴史家らへの取材を重ねる中、私は以上の推察が間違っていなかったと確信できるエピソードがあったことを知った。それは、在バチカン日本公使館で書記官を務めた金山政英の回顧録『誰も書かなかったバチカン——カトリック外交官の回想』に詳述されていた。

それによると、当時、金山が勤務していた「日本使節館」（在バチカン日本公使館のことを指すとみられる）には、日本から華々しい「大本営発表」が送られてきていたという。しかし、金山はその大本営発表にある「戦果」が、アメリカ軍の準機関紙『スターズ・アンド・ストライプス』に掲載されている連合国側の戦況や世界情勢と大きく食い違っていることに気づいていた。私はこの部分を読み、先に紹介した「一枚の紙切れ」にあった、オッセルバトーレ・ロマーノ紙編集局長の「日本軍がどれだけのアメリカの艦船と戦闘機を破壊したかという統計だけについては報道の対象から除外している。アメリカ側が出している統計と矛盾しているからだ」という反論とぴったり一致していることに気づき、驚き、興奮した。

余談だが、スターズ・アンド・ストライプス紙は「星条旗新聞」と日本語訳されることもある。アメリカ国防総省内で運営されているらしいが、編集権は独立しているといい、そういう意味では、バチカンの機関紙オッセルバトーレ・ロマーノ紙との共通点もありそうだ。

私は、二〇一二年九月、核問題をめぐる欧米の制裁に対抗したイランが、原油輸送の大動脈ホルムズ海峡の封鎖を警告し、中東での軍事的緊張が高まっていたさなか、アラビア海に展開していたアメリカ軍の原子力空母エンタープライズに二泊三日の同乗取材をするという貴重な体験をしたことがあった。そのとき一緒になったほかのメディアは、フランスの国営テレビとドイツのテレビ局だけだったが、もうひとり、スターズ・アンド・ストライプス紙の記者も乗っていた。

その女性記者は、挨拶《あいさつ》しても無視するような感じの悪い人で、私は「どうせアメリカ軍の機関紙の記者だし、アメリカ軍が発表する情報をそのまま受け取って、アメリカ政府に都合のよい記事を書くのだろう」と思っていた。ところが、エンタープライズ上で一緒にいると、艦長へのインタビューやアメリカ軍の海兵への取材で、かなり踏み込んだ質問をしている。相手の嫌がりそうなことも平気で聞くし、質問を打ち切られそうになっても粘り強く食らいつく。とくに艦長へのインタビューの場では、横にいた艦長付の広報官があからさまに嫌そうな顔をして、取材を終わらせようとしていたが、お構いなしだった。「どうせ御用新聞なんだろう」と思っていた私の認識が間違っていたことを知った。

「大本営発表」とバチカン日刊紙

在バチカン日本公使館の書記官、金山政英に話を戻そう。彼の回想によると、この外交官が日本の大本営発表をそのまま鵜呑《うの》みにできないことに気づき「日本の外交官が、日本の発表を信じられなくなっていたのだから、悲しいことだ」と考えていた時期に、オッセルバトーレ・ロマーノ紙にまつわる、ある出来事が起きたという。

金山によると、オッセルバトーレ・ロマーノ紙は第二次世界大戦が始まって以来、アメリカをはじめとする連合国側と、日独伊を中心とした枢軸国側両方の戦況を報道し続けていた。そこで在バチカン日本公使館としても、日本軍の「大本営発表」を毎日、日本語からイタリア語に翻訳して、オッセルバトーレ・ロマーノ紙に提供していたというのだ。

ところがある日、オッセルバトーレ・ロマーノ紙は、在バチカン日本公使館に何の断りもなく、日本軍の「大本営発表」を掲載するのをやめてしまった。そこで、駐バチカン日本公使の原田健の命を受けた金山は、オッセルバトーレ・ロマーノ紙の社長、デラトーレ伯爵のところへ抗議に行った。金山自身、大本営発表を鵜呑みにできないと思っていたわけだが、日本の外交官という立場上、抗議しないわけにはいかず、

「日本が発表している戦果だけを落とすとは何事ですか！　公平に報道しないのは、どういうわけですか！　全くけしからんことではないですか！」

と文句を並べた。デラトーレ伯爵が、どう計算しても日本にもう軍艦はなく、「大本営発表」では日本側が連日、敵の軍艦に大打撃を与えたことになっているが信用できないと答えると、金山は立て続けにこう述べた。

「たとえ、日本の発表が真実でないと思われたとしても、日本政府が公式に発表している以上、それを一方的に拒否するというのは、〝公平の原則〟に反するのではありませんか？」

読者もお気づきかと思うが、私も気づいた。バチカン機密文書館でわれわれが見つけてきた「一枚の紙切れ」に書かれていた、バチカン国務省からオッセルバトーレ・ロマーノ紙に出された通達文。そこにもオッセルバトーレ・ロマーノ紙の報道には「公平性が欠如している」と、「公平」という言葉があった。このときの金山が使った「公平」という言葉を引用して、バチカン国務省がオッセルバトーレ・ロマーノ紙に圧力をかけたと考えるのは、突飛な想像ではないと思う。

私は「一枚の紙切れ」を先ほど日本語訳した際、「公平性の欠如がある」としたが、より厳密には、実はここの箇所はイタリア語で「公平性が欠如していると気づいている」と書かれていた。日本語として主語が明確でなく、よく意味もわからなかったのだが、金山がオッセルバトーレ・ロマーノ紙の社長デラトーレ伯爵に抗議しに行ったエピソードを知ると、「公平性が欠如していると『日本政府は』気づいている」ということなのかもしれないと思い至る。

金山、ひいてはその上司である、駐バチカン日本公使の原田健、そしてさらに当然、彼らの「公平性を欠いているという見方」は、その先にいる本国日本政府につながっている。日本とアメリカの和平仲介を果たそうとバチカン国務省がその機会をうかがっていたとしたのなら、この金山のオッセルバトーレ・ロマーノ紙への抗議は無視するわけにはいかなかったのだろう。

ところで、この金山の抗議を受けたデラトーレ伯爵側の対応は、なかなかふるっている。金山が重ねて「公平の原則」を持ち出し、日本の発表をオッセルバトーレ・ロマーノ紙が拒否して、アメリカの発表だけを掲載するぐらいなら、戦争に関する報道は一切やめるべきだと主張したところ、デラトーレ伯爵は「わかりました」と答え、公平でないと言われれば仕方ない、「明日からまた日本の発表も掲載しましょう」と答えたという。

要求を呑ませることに成功したと思った金山は意気揚々と引き上げたというが、翌日のオッセルバトーレ・ロマーノ紙の紙面を開いて、彼は驚かされている。なるほど確かに、日本の大本営発表に基づく情報は掲載されているのだが、併せて「昨日、日本の金山書記官から、〝日本政府の発表も掲載し続けるように〟との抗議がありましたので、やむなくこれを掲載します」という但《ただ》し書きがついていたというのだ。

これでは、日本の発表は信用できないと言われているようなもので、金山は一本取ったつもりが、新聞人として筋を通したデラトーレ伯爵にしてやられたと、懐かしさも感じている様子がうかがえる振り返りをしている。

ここでもう一度、われわれがバチカン機密文書館で〝発掘〟した「一枚の紙切れ」を思い出してみよう。オッセルバトーレ・ロマーノ紙の編集局長による、太平洋戦争に関する日本の大本営発表とアメリカ軍の発表には矛盾があるから、どちらも掲載していないというバチカン国務省への説明は、金山が「日本の発表を拒否するというなら、アメリカ軍の発表も載せず、戦争報道を一切やめるべきだ」という主張と、完全に一致しているのだ。

金山の回顧録によれば、オッセルバトーレ・ロマーノ紙は抗議を受けて、日本側の発表も再び掲載し始めたということだから、顚末《てんまつ》の細部は違っているが、「一枚の紙切れ」と金山の回想エピソードがリンクしたものであることは間違いないだろう。

バチカンを舞台にして、アメリカのＯＳＳ（情報戦略局）スパイ、キグリーが暗躍していた時期、バチカンとしても国務省が、その機関紙であるオッセルバトーレ・ロマーノ紙の手綱《たづな》を握り、なんとか日米和平の仲介役を担うための糸口を探ろうとしていたとみられることが浮き彫りとなった。

といっても、本章で述べたことだけでは、バチカン全体、とくに最高指導者にして元首である時のローマ教皇ピウス一二世の指示や関与といった点は何ら見えてきていない。

これについては、バチカン機密文書の〝発掘〟作業を進める中で、さらに関心を引かれる史料が出てくるので、後の章で詳しくまとめてみたい。

私はこのバチカン国務省から出されたオッセルバトーレ・ロマーノ紙への通達文の存在について、共同通信の配信記事を執筆する際、現在のバチカンにコメントを求めた。バチカンの広報部門を通して、バチカン国務省にこの史料についてどう思うか訊《たず》ねたのだが、いつまでたっても回答はこない。私が、バチカン国務省が報道機関に対して圧力をかけ介入を図っていたことについても質問したので、答えるのが嫌だったのかもしれない。

しびれを切らして、バチカン広報官を務めるマッテオ・ブルーニにコメントをお願いしたのだが、のらりくらりとしていて答えをよこさない。何度も何度も催促して、やっと返ってきたのは「歴史的な時期の文書であり興味深い。ただ残念ながら、これらの文書を公式に読み解くためのさらなる材料をわれわれは持ち合わせていない」という毒にも薬にもならないコメントであった。

次の章では、いったんバチカンによる日米和平というところからは離れて、太平洋戦争まっただなかの日本に舞台を移そうと思う。といっても、そこに出てくる登場人物がまた、バチカンによる日米和平仲介に深く関わってくることが後にわかるので、このバチカン機密文書を通じた秘史解明の旅はやめられないのであった。

第三章 「生き残ったら奇跡」というバチカンへの報告

被爆二世の枢機卿

バトン代わりの柔らかくて大きなボールを摑《つか》み取ると、私は猛スピードで駆け出した。ほぼ同時にスタートを切った「イタリア人お父さんチーム」のおじさんをぐんぐん引き離しているのが、大勢集まった観客の歓声からもわかる。ローマ日本人学校の春の運動会。終盤の目玉演目、保護者リレーの「イタリア人お父さんチーム」と「日本人お父さんチーム」の一騎打ちは、アンカーの勝負に持ち込まれ最高潮に盛り上がっていた。

早くも勝ちを確信した私は調子に乗って、ものすごい速度で第一コーナーにさしかかった。数日前に娘から「うちの学校のグラウンドはとっても狭くて、トラックのコーナーが急カーブになっているから気をつけてね。曲がりきれなくってコケちゃうかもよ」と言われていたことは脳裏から完全に消え去っていた。

次の瞬間、目に映っていた景色がスローモーションで大きく横倒しになる。娘のアドバイスが脳裏に蘇《よみがえ》ったときには、私はコーナーを曲がりきれず、もんどり打つように地面に突っ伏していた。観客からは「どわぁー！」という笑い声にも似た大きなどよめきが上がる。なんとか立ち上がって、私をどたどたと抜き去っていった小太りのイタリア人お父さんを追いかけるが、足が絡まるようにふらつき、彼の背中をとらえることはとうとうできなかった。

イタリア人お父さんチームがハイタッチして勝利を喜び合っている横で、うなだれる日本人お父さんチーム。保護者会長にしてチームメイトの朝日新聞ローマ支局長のKさんが「めっちゃくちゃ速かったですよ……。コケるまでは……」となぐさめてくれた。

ローマに赴任して半年がたっていたころで、私はまだローマの在留邦人社会でそれほど認知されていなかったと思うが、「いや〜、さすがですね〜、あの場を全部もっていきましたね」と声をかけてくれた人もいた。

結果的に盛り上がったようだからいいかと思っていたところ、数日前にコケないようにと〝忠告〟してくれた娘が近づいてきて、地べたに座り込んでいた私を見下ろし、憐《あわ》れみのこもった目で「おつかれさま」とひとこと言って立ち去った。かっこいいところを見せようと思っていた私の目論見《もくろみ》は完全に外れた。

この出来事があったのは、二〇一八年五月二〇日のことだった。

この日付を今でも覚えているのは、私が、たくさんの人が見守る中で転倒したのがあまりに恥ずかしくて仕方がなかったから、というわけではない。この日、バチカンの元首にしてキリスト教カトリックの頂点に立つローマ教皇フランシスコが、久しぶりに日本人を枢機卿《すうききょう》に任命すると発表したから覚えているのだ。枢機卿は教皇に次ぐ高位聖職者で、教皇の最高顧問という位置付けにある。コンクラーベと呼ばれる教皇選出選挙で投票権を持つ八〇歳未満の枢機卿は世界に一二〇人前後しかいない。カトリック信者が世界に一三億人超いることを考えれば「一〇〇〇万人以上に一人の選ばれし者」ということになる。

その選ばれし者に日本人が就任することが決まったということで、これは日本の報道機関にとって大きなニュースである、と私は思った。というようなことを今の私ならもっともらしく解説できるのだが、当時、ローマに赴任してからの日が浅く、バチカン取材もろくにしたことがなかった私には、この発表の意味が実はまだよくわかっていなかった。恥ずかしながらなんとなく「枢機卿と言ったらたぶん偉い人なんだろうから原稿出しておくか」と思った程度である。実際は、この大阪大司教区の大司教、前田万葉《まえだまんよう》［写真⑧］を枢機卿に任命することが、その後のローマ教皇による三八年ぶり二度目の歴史的訪日につながっていく布石となることに、私はまったく気づいていなかった。

私はこの知らせを受け、先ほど派手に転んで泥だらけになった手足のまま、地べたに置いたパソコンを広げ、原稿を書き始めた。バチカンからの発表文を確認し、関係者への電話取材をする。私と同時期にローマに赴任した朝日新聞ローマ支局長のKさんも、隣でパソコンを広げ、なにやら電話取材を進めている。

ローマ教皇フランシスコが前田万葉を枢機卿に任命し、二〇〇七年に死去した浜尾文郎《はまおふみお》

⑧日本人としては６人目の枢機卿となった前田万葉。長崎県の五島列島生まれで、母親が原爆に遭った被爆二世であり、枢機卿就任は教皇フランシスコの被爆地訪問につながるものだった。2018年8月、長崎県新上五島町で行われたミサで　（写真提供：共同通信社）

以来、六人目となる日本人枢機卿が誕生することになった、との記事を私は急いで書き上げた。実は、日本人で枢機卿になるならこの人ではないかと噂《うわさ》されていた人がほかにいたということを後の取材で知ったが、前田が長崎県の五島《ごとう》列島生まれで、母親が原爆に遭《あ》った被爆二世だという話も聞き、前田の枢機卿就任は、教皇フランシスコの被爆地訪問に先立つ一つの確かな動きだったのだと納得したのを覚えている。私はその後、ローマ教皇フランシスコにバチカンで謁見《えっけん》した直後の前田をイエズス会本部近くでつかまえて取材し、教皇から直接「被爆地の広島と長崎を訪れたい」と言われたということを教えてもらった。

このことからも、前田の枢機卿就任が、ローマ教皇フランシスコが日本とバチカン関係のさらなる深化を進めようとして決めたことだったということがうかがえる。

先述したように、国と国としての関係でいうと、両国に国交が樹立されたのは、原田健《はらだけん》が初代の駐バチカン日本公使として派遣された一九四二年のことであるから、その歴史がとても長いというふうには言えないのかもしれない。ただし、それはバチカン市国という主権独立国が誕生したのがそもそも一九二九年のことなのだからある意味致し方ない。一九世紀に近代イタリアが統一された際、それまで持っていたすべての領土を失ったローマ教皇庁は、そこから半世紀あまりにわたってイタリアと対立し続けたが、一九二九年にムッソリーニ政権とラテラノ宮殿で和解条約を結び、世界最小の主権国家バチカン市国は誕生した。いわゆるラテラノ条約の締結である。

したがって主権国家同士という観点からではなく、ローマ・カトリック教会、つまりローマ教皇庁と日本との関わりということでいえば、それはイエズス会の宣教師フランシスコ・ザビエルが鹿児島に上陸した一五四九年までその歴史をさかのぼることができるとも言える。一五八五年には、九州のキリシタン大名が派遣した伊東マンショら天正遣欧《てんしょうけんおう》少年使節がバチカンを訪れ、第二二六代の時のローマ教皇グレゴリウス一三世と、二二七代ローマ教皇シクストゥス五世に拝謁《はいえつ》を賜《たまわ》ったという出来事もある。

本章で紹介したいのは、日本バチカン関係を語る上で外せない人物、第四代駐日ローマ教皇庁教皇使節で、後には枢機卿にも就任するパウロ・マレラという人物にまつわるバチカン機密文書についてである。

バチカン宛ての極秘裏の手紙

日本バチカンに外交関係が最初に樹立される一九四二年からさかのぼること二三年前、一九一九年に、在日本ローマ教皇庁使節館は設置された。当時の東京市京橋《きょうばし》区明石町《あかしちょう》の大司教館跡に建てられたこの使節館のトップであるローマ教皇使節の四代目に一九三三年に就任したのがパウロ・マレラ［写真⑨］である。

ローマ教皇使節は、国交のない国に派遣されているため、外交特権を持った大使ということにはならないが、実質的に大使に相当するバチカンの代表と言っていいだろう。パウロ・マレラは一九三三年から一九四九年まで、実に一五年以上にわたって日本に駐在し、戦前から戦中、それから戦後復興の緒に就《つ》く我が国の姿をつぶさに見続けた。

バチカン国務省がオッセルバトーレ・ロマーノ紙に出した通達文の次に、私が発掘した機密文書が、このパウロ・マレラが本国バチカンに宛《あ》てて極秘裏に出した手紙だった。

手紙の日付は一九四四年の一二月一二日となっている。

言わずもがな、太平洋戦争のまっただ中の時期で、日本が無条件降伏する約八カ月前に当たるから、日本の戦況は相当に厳しくなっていたころだろう。この手紙の宛先《あてさき》は、バチカンの国務長官代理を務めていたジョバンニ・モンティーニとなっている。バチカン国務省長官は首相に相当し、ローマ教皇に次ぐバチカンナンバー2の権力者であるが、当時、国務長官は空席となっていた。そのため、モンティーニがローマ教皇庁ならびにバチカンの行政業務を実質的に取り仕切っていたと考えていいはずだ（モンティーニのほかにもうひとり、タルディーニという人物も国務長官代理を務めており、実務を取り仕切るツートップとなっていたとみられている）。なお、モンティーニは戦争が終わった後の一九六三年、第二六二代ローマ教皇パウロ六世に就任している。

⑨第４代駐日ローマ教皇庁教皇使節のパウロ・マレラ、1933年。1933年から1949年まで日本に駐在し、1959年には枢機卿に就任した

（写真提供：ゲッティ＝共同）

マレラからモンティーニに宛てられたこの手紙はイタリア語で手書きされ、四ページにわたっていた。冒頭に「親展」「秘密の」「内密の」「機密の」を意味するイタリア語Confidenziale《コンフィデンツィアーレ》と記されていたことや、日本のその時代の状況を考えれば、厳しい検閲をかいくぐったものだと推察できる。イタリアの著名なマレラ研究者ビンチェンツァ・カプリストにこれらの史料を見せて意見を求めたところ、「マレラがバチカン国務省に書簡を送っていたことは知っていたが、これは読んだ記憶がない」とのことだった。これまで機密指定されて閲覧できなかった文書を今回私が見つけ出してきたのだから、「読んだ記憶がない」のは当たり前と言えば当たり前なのだが、マレラ研究の第一人者でもその存在を知らなかった書簡だとわかり、私はこの史料の貴重さをあらためて感じることができた。

　カプリストも、戦時下の日本では厳しい検閲が実施されていたはずで、「このような書簡」がバチカンまで届いたのは、世界各地に散らばる宣教師や教会の協力者を経てのことだろうと分析してくれた。「このような書簡」というのは、大本営発表とは相反する、日本の敗戦が近いことを予感させるような書簡のことである。

　つまり、この手紙に書かれていたのは日本の厳しい戦禍の様子だった。したがって結論的には、現代を生き、歴史を学んだ私たちからすると、手紙の内容は既知の情報だけにとどまっていたとも言うことができる。一方で、第二章で述べたような大本営発表が垂れ流していた「アメリカの戦艦を次々に沈めている」といったような情報がうそであることをバチカン本国が当時から把握していたということもわかるし、ローマ教皇庁を代表して派遣されてきていた人物であるパウロ・マレラから見た、終戦間近の日本の姿がどのようなものであったのかということもうかがい知れて、興味深いと私は思った。

これらのことを踏まえても、第二章で述べたような、バチカン国務省がオッセルバトーレ・ロマーノ紙に「日本は神経質になっているから注意せよ」との通達を出したときには、バチカンの高官たちも当然、日本の追い込まれた状況は把握していたのだと推測できる。

この手紙に対するバチカン側の「返信」はただ、「一二日付の書簡は受け取った　モンティーニ」とだけ英語で記載された電報になっていた。そして日付はなんと、一九四五年五月一八日だ。最初の手紙が出されたのが一九四四年一二月一二日であるから、返事がくるまでに実に五カ月あまりを要したことがわかる。このことからも、この手紙が時間をかけて苦労して運ばれたものだろうと考えられるし、この時代、第二次世界大戦が続く状況で、情報のやりとりをするのがいかに困難だったかということも推し量れる。

少し長くなるが、手紙を要約してみる。この史料のタイトルは「パウロ・マレラから国務長官代理に宛てた、日本の最新の状況に関してさまざまな情報をまとめた親展書簡」ぐらいに訳せるだろうか。差し出し人は「パウロ・マレラ駐日本教皇使節」となっており、冒頭にはイタリア語ではなく、バチカンの公用語であるラテン語で「在日本ローマ教皇庁使節館」とも記されている。私の取材で判明したことをカッコの中で補いつつ、まとめてみる。

（モンティーニ国務長官代理）閣下殿。ドラピエー（アジアに駐在したバチカン関係者か）の秘書から送られてきたインドシナのメモを何枚か同封いたします。

　私は、（戦禍が激しくなっているこの状況で）東京から二時間離れている山間部（在日本ローマ教皇庁使節館の緊急避難引っ越し先である神奈川県箱根《はこね》町《まち》強羅《ごうら》を指すとみられる）に引っ越すのをこれ以上遅らせないことが適切だと考えました。雷がどこに落ちるかわからないように（先のことはもう）何も言うことができません。ここでは、（アメリカ軍からの空爆による）爆発そのものよりも火災が大変で、風が強い日であれば（建物などの火はすぐに燃え広がってしまい焼失して）なくなってしまうでしょう。そのために（焼失を防ぐため）大きな書類保管棚を（持ち出して）守りました。可能であれば、数日のうちに電報による報告を再開いたします。

　しかし、どんなに寒いことでしょう！　そして、何よりも、なんとか生きていくためには、どれだけの強さが必要なのでしょうか！　私はこれから週に一度は東京に行くつもりです。まだ（東京から）避難できていない聖職者たちはみんな、必死に避難場所を探しています。なんと悲しいことなのでしょう！　しかしながら、外国人（の私に）できることは何一つありません！　そして、もしこの破滅の後に生き残る人がいたとしたら、それはもはや奇跡と呼べるでしょう！　生きることは本当に価値があることです！　ここ（神奈川県箱根町強羅を指すとみられる）でも絶えず（空襲）サイレンが鳴っていますが、防空壕に行く必要はありません。（自分に言い聞かせて鼓舞するように）勇気を持て！

タルディーニ閣下（モンティーニと共に、この時期、バチカン国務長官代理を務めた人物のことだと思われる）の理解のもと、すべての友人、ジアーノ、プリンチピ、ヴァニヨッチらによろしくお伝えください。

（日本軍に捕まっている）捕虜《ほりょ》（を釈放して母国に帰すための）関係の仕事は順調に進んでいます。神の御意思があれば、春にキャンプへの訪問を再開いたします。お金の分配は行われる予定ですが、まずスイスからの入金には一カ月がかかり、銀行から（お金を下ろすための？）許可が出るのにはさらに一カ月かかります。それから交渉などが始まるのです。など、など、など。

今日になっても、オランダ人（捕虜のことか）たちのためと、戦争の犠牲者たちのための教皇さまからのお金をまだ受け取っておりません。戦争がさらに激しくなる前に（ローマ教皇庁からの資金が）届くことを願います。

よい新年を！

「もしこの破滅の後に生き残る人がいたとしたら、それはもはや奇跡と呼べるでしょう」との一文が、私はとくに印象に残った。

この手紙がしたためられた一九四四年一二月といえば、アメリカ軍による東京への空襲がすでに始まっていたときだ。現在の在日本ローマ教皇庁（バチカン）大使館から借りた資料によると、実際のところ、東京に元々あった在日本ローマ教皇庁教皇使節館の建物は、一九四五年四月一四日、空襲によって焼け落ちている。このことからも、使節館ごと神奈川県箱根町強羅に「疎開」し引っ越すことがマレラにとって、喫緊《きっきん》の課題であったことがうかがえる。「焼失を防ぐために大きな書類保管棚を持ち出した」というのは、解釈が難しいが、空襲が激しくなってきていた東京から重要な書類群を、引っ越し先の神奈川県箱根町強羅に運び移したということなのかと思う。

東京にあった在日本ローマ教皇庁教皇使節館は焼失してしまったため、戦後の一九四五年一二月に、マレラは、東京の麻布区新竜土町《あざぶしんりゅうどちょう》一二番地の旧ビルマ公使館に入り、戦後処理を行ったという。さらに、使節館は、マレラの後任の第五代使節マキシミリアン・ド・フステンベルグの時代、一九五〇年九月一五日に、現在の在日本ローマ教皇庁大使館がある東京都千代田区麹町三番町《こうじまちさんばんちょう》九の二に移転している。

「日本政府が無視」という重い事実

それにしても、中立国バチカンから代表として派遣され、ある種特別扱いがされているはずのマレラの視点から見ても、当時の日本は「生き残る人がいたとしたら、それはもはや奇跡」と感じてしまうほど悲惨な状況に追い込まれていたことにあらためて驚かされる。さらに、それがバチカン本国に報告されていたことを踏まえると、日本が大本営発表で偽りの戦果を誇り、バチカンに駐在する日本の外交官から和平交渉に望みをかけた極秘電報が届いていたにもかかわらず、日本政府ならびに日本軍がそれを無視するに至ったという事実がとても哀しく、重く感じられる。

「絶えず（空襲）サイレンが鳴っています」との記述も、手紙を読んでいて目に留《と》まった。

前後するが、私は二〇二二年二月二四日、ロシアがウクライナに侵攻を開始した日、ウクライナの首都キーウにいた。戦争が始まってからも現地にとどまり取材を続けたのだが、空襲を知らせるサイレンがけたたましく鳴るたびに取材を中断し、地下シェルターに駆け込む日々は、相当に神経を疲れさせるものだった。マレラの書簡に「ここでは防空壕に行く必要はない」と書かれていることから、マレラたちの疎開先の神奈川県箱根町強羅での生活は東京に比べ、いくぶんかはマシであったのだろうことがうかがえるが、それでも彼らの抱えるストレスはものすごいものだったと想像できる。

それから読者の中には、手紙の文中に気になった人物の名前を見つけた方もおられるのではないか。

そう。マレラがバチカン国務長官代理のモンティーニに「友人らによろしくお伝えください」と言っている中に、私にとっても見覚えのある名前があがっていた。

終戦間際の一九四五年六月ごろ、日本とアメリカの和平を実現させようと人知れず尽力したバチカンの外交官にして仲介役の、司教ヴァニヨッチの名前が出ているのだ（第一章参照）。確かにこのころ、ヴァニヨッチは外交官として外国に赴任はしておらず、バチカンにおいて国務省勤務をしていたことがバチカンの記録からわかっている。日本に長く駐在したマレラと、日本アメリカの和平を実現させようと動いたヴァニヨッチが、手紙にわざわざその名前を記すほどの「友人」だったという点も興味深い。そして、これは、この後に私が発掘することになるバチカン機密文書に書かれていたのだが、このマレラも日本とアメリカの争いをなんとか終息させようと尽力した重要なキーマンのひとりだったのだ。これについては次章で詳しく述べたいと思う。

マレラからバチカン国務長官代理モンティーニに出された手紙の記述に関して、さらに私なりの注目点をあげると、マレラが捕虜釈放に尽力していたらしいことがうかがえることだ。

イタリアのマレラ研究の第一人者、ビンチェンツァ・カプリストによると、日本に長年駐在したマレラは、ローマ・カトリック教会の代表として、日本で拘束されているアメリカやイギリス、フランスの捕虜の扱いの問題に取り組んだ人物としても知られているらしい。バチカンはいついかなるときも中立の立場を守るという原則があったからか、そのバチカンの日本における代表であるマレラは、疑心暗鬼に満ちた当時の日本政府や日本軍の当局者からも一定の信頼を得ていたのだという。

最後にもう一点、個人的に気になったのは、マレラの手紙の「!」の多さである。箇所によっては一文ごとにびっくりマークがついていて、いささか驚きすぎというか、強調しすぎのような印象すら受けたのだが、それだけ当時の日本の状況がすさまじかったということなのだろうか。

さらに、いろいろとバチカンの史料を漁っていたら、パウロ・マレラが一九八四年、八九歳でその人生を終えたときに、時のローマ教皇、第二六四代ヨハネ・パウロ二世が追悼の言葉を発していたこともわかった。

「われらが兄弟、枢機卿マレラは良き、信心深い、奉仕者だった」という、葬儀で述べられた教皇による冒頭の言葉は正直お仕着せの文句という気がしないではないが、これに続く「快活にして陽気、調和の取れた聡明さ、笑顔と静かなユーモア、普遍性」を併せ持っていたとの評はなかなか味わい深い。

さらにはマレラが一五年の長きにわたって日本に駐在したことにも言及し、「第二次世界大戦がもたらした厳しい状況下にあった日本で、たゆみない賢明さで慈善活動に取り組んだ」と称賛したのは、心からの言葉だろう。ここでヨハネ・パウロ二世は、パウロ・マレラが戦争被害者や捕虜のために尽力したことにも言及しており、マレラからバチカン国務長官代理モンティーニに宛てて出された手紙の内容とも符合していることがわかる。

二通目の手紙

私はこの手紙と併せて、もう一通の書簡を同時に発見していた。

これもおそらくはバチカン国務長官代理のモンティーニに宛てたものだと思われるが、今度の宛先は単に「国務省」となっている。日付は一九四五年九月一五日であるから、太平洋戦争が終わり、ちょうど一カ月がたったころのものだ。
「もしこの破滅の後に生き残る人がいたとしたら、それはもはや奇跡と呼べるでしょう」と表現したすさまじい戦禍をマレラはなんとか生き延び、本国バチカンにまた報告の書簡を送ることができたということだ。

レターヘッドにはバチカンの公用語であるラテン語で「在日本ローマ教皇庁使節館」と印字されているほか、漢字で「羅馬教皇使節館」の文字が記載されている。レターヘッドには活字で「TOKYO」と打ち込まれている箇所が手書きの線で消され、その横に「Gora」と書かれている。先述のように、東京の在日本ローマ教皇庁教皇使節館を引き払い、神奈川県箱根町強羅に「疎開」して移ったための記述であろうが、レターヘッドそのものを作り替える暇と余裕など、とてもなかったということだろう。

付け加えると、最初に紹介した〝一通目〟の手紙が一九四四年一二月一二日に出され、バチカンからの返信が五カ月あまりたった一九四五年五月一八日になってようやく届いているのに対し、この〝二通目〟の手紙は、一九四五年九月一五日に出された後、一カ月もたたない一九四五年一〇月一三日に返事が届いている。また、〝一通目〟への返信がただ「一二日付の書簡は受け取った」とだけ書いてあったのに対し、〝二通目〟への返信にはパウロ・マレラへのねぎらいの言葉が丁寧につづられていた点も大きな違いだと感じた。

戦争が終わったことによって、郵便事情一つとっても、いかに状況が一変したかということがわかるかと思う。

それでは、このイタリア語の手書きで記された〝二通目〟の手紙についても、要旨を日本語に訳してみよう。やはり、その後の取材などによって判明した事柄をカッコの中で補ってまとめてみる。

（モンティーニ？）閣下へ

戦争下、東京に駐在するわれわれ使節団のためにしてくださったことに対して、心からの感謝の言葉をひとこと申し上げます。私は昨日、また廃墟《はいきょ》となった複数の建物を見ました。それは地面が平らになるまで破壊されていたものでした！　しかし、われわれは再び出発するでしょう！　私は近いうちに、そこから（東京からという意味か）それほど遠くないところに小さな家（建物？）を借りようと思っています。その省庁（在日本ローマ教皇庁教皇使節館のことか）はそれを探しているところですが、本当に難しいです。そして、物を運ぶのも困難になります。しかし、神が助けてくださることでしょう。それまでの間、通常の業務はここ（神奈川県箱根町強羅のことか）で問題なく続けられるでしょうし、東京にも時々足を運び、相談にやってくる聖職者たちに会うつもりです。

しかし、横浜でGallinani（人名だと思うが読み取りづらい）と会えたとき、どれだけ大きな喜びを感じたか、言い表すのは簡単ではありません。彼は広い心を持って、私をさまざまな点から教え導きました。彼の仕事がきわめて難しく、機微《きび》に触れるものになるのは間違いないですが、しかし、彼はどこにおいても陸軍と海軍の高官たちから高く評価され、恩恵を受けており、このことはカトリックの聖職者たちを大いに励ましていますし、（ローマ・カトリック）教会にとってよいことです。私には理解できないほど、彼は疲れを知りません。神が助け、彼に頑健さを与えているのです。その頑健さこそ、私に欠けているものです。

収容されている捕虜たちのためのわれわれの業務に関して、スペルマン（当時、ニューヨークに派遣されていた司教）に大枠のことを知らせました。（捕虜の解放や戦争犠牲者への補償を実現するため）さまざまな方向から、またラジオを通して文字通り昼も夜もなく働きかけてきたことは、閣下もよくご存じのところだと思います。少なくとも多くの報告からも（マレラたちがどれだけ尽力しているか？）ご想像いただけるでしょう。しかし、残念ながら、これも閣下はご存じのところですが、結果は芳しくありません。これは私たちの失敗によるものではありません。そしてこれは虚栄心から言うせん。

わけではありませんが、教皇の偉大な働きかけがおそらく正当に評価されなかったことが、私を苦しめているのだと思います。捕虜たちの手紙の小包を手に入れていたのですが、それらの多くは焼失してしまいました。

（解放され母国に）帰国した捕虜たちが何を話すのか知りません。しかし、彼らはもっと多くのことがなされるべきだったときっと思っていることでしょう。とくに宗教的な支援に関しては……。ですが、実際になされ、得られたもの以上のことが、なされ、得られることは不可能でした。いろいろと言ってみましたが結局のところ、神は心と良い意志をご覧になっています。どうぞ、タルディーニ閣下と国務省のすべての友人たちによろしくお伝えください。

失礼でなければ、私のために教皇さまの手に口づけし、祝福を受けてください。

敬虔《けいけん》なるパウロ・マレラ

以上が一九四五年九月一五日の日付で出された駐日本ローマ教皇庁教皇使節パウロ・マレラの手紙である。文中に、当時のバチカン国務長官代理「タルディーニ閣下によろしくお伝えください」との記述があることからも、一九四四年一二月一二日の手紙と同様、もうひとりのバチカン国務長官代理モンティーニに宛てられたものと考えて間違いないだろう。

「廃墟となった複数の建物」や「地面が平らになるまで破壊されていた」といった表現から、太平洋戦争中に受けたアメリカ軍による空爆の被害が生々しく残っていることがうかがえる。そんな中にあっても、マレラが再出発を図ろうと決意して、焼け落ちてしまった東京の在日本ローマ教皇庁教皇使節館の代わりに、新たな建物を探して奔走していることもわかる。

先述の通り、元の使節館は空襲により一九四五年四月一四日に焼失している。戦後、一九四五年一二月に東京の旧ビルマ公使館に入ったということだから、この〝二通目〟の手紙を出した後、新しい拠点を探し出すまで三カ月を要したということだろう。

この手紙の大半は、捕虜の解放問題について言及している。詳細は不明だが、マレラがアメリカ人などの捕虜の解放や、戦争犠牲者たちの補償のために尽力しているにもかかわらず、思うような成果が出ていないということをにじませているもようだ。「(解放され母国に)帰国した捕虜たちが何を話すのか知りません」といった記述を見ても、マレラが「われわれはこんなに頑張っているのに、カトリック教会は何もやってくれなかった」と報告されてはたまらないといった心情が読み取れ、興味深い。

カトリックの高位聖職者ともなると、人間的にできていて、ひたすら自分の役割を献身的に果たすだけだといったさとりの境地に達しているのではないかと勝手に想像してしまっていたが、本国バチカンやローマ教皇庁、そして直属の〝上司〟であるバチカン国務長官代理モンティーニの「評価」をひどく気にしている様子が透けて見え、私はマレラに強い親近感を抱いた。

比べようもないが、私が共同通信ローマ支局長として、新型コロナウイルス禍やウクライナでの戦争の取材を進める上で、苦しい状況の中、「これだけ頑張ってもうまくいかないか」と感じることもあった。危険すぎると判断し、現場からの撤退を余儀なくされたこともある。そんなときは、東京の共同通信本社の上司には、私の仕事ぶりがどんな風に映っているだろうかと気になったものだ。それこそマレラのように「実際になされ、得られたもの以上のことが、なされ、得られることは不可能でした」と書いた手紙を出したいぐらいだった。

そのような意味からも、後に枢機卿にまで上り詰めたバチカンの高位聖職者パウロ・マレラに人間味を感じたのだ。手紙の文中には「私には頑健さが欠けている」といったストレートな弱音もつづられていることから、マレラ自身の率直さに加えて、バチカン国務長官代理モンティーニとの信頼関係の深さも感じられた。

バチカンの代表として一五年にわたり日本に駐在したローマ教皇庁教皇使節パウロ・マ

レラから見た、戦時中と戦後の日本の姿が、短い二通の手紙から生々しく浮かび上がっている。捕虜の解放に尽力した様子などからも、マレラの、宗教機関ローマ教皇庁の代表としての側面が見て取れたと思うが、彼にはもう一つの顔があったと言える。それは独立した主権国家バチカンから派遣されてきた外交官という顔である。肩書こそ、外交特権を与えられた大使ではなかったものの、駐日本ローマ教皇使節とは、実質的にバチカンを代表して日本との外交に当たる窓口、つまり大使に相当する役割を担っていたと考えてよい。

そのことがまざまざとわかる出来事が、太平洋戦争が始まる直前に起きていた。

しかも、そのときの詳しいいきさつは、バチカン機密文書館で長年眠り続け、現ローマ教皇フランシスコが二〇二〇年に機密解除した外交史料の中に、克明に記されていた。

第四章
バチカンに和平仲介を求めた松岡洋右

バチカン国務省文書館での〝発掘〟

ついに見つけたと思った。

気が遠くなるほどの量の史料の山と向き合い続けても、「玉石混交《ぎょくせきこんこう》」の「玉」はなかなか探し出せない。

私がバチカン機密文書の〝発掘〟に取り組もうと考えたとき、一つの目標があった。

それは、第一章でまとめたような日本とアメリカの和平仲介を、バチカンが組織として、国として果たそうとしたことを示す証拠を見つけるということだった。第一章で紹介したエピソードはとても興味深くはあるが、言ってみれば、日米の戦争を終わらせるための工作がバチカンを舞台に行われ、そこにローマ教皇庁の一司教が個人として関わったというだけにすぎないものだ。

主権国家バチカンの元首であり、宗教機関ローマ教皇庁のトップでもある時のローマ教皇ピウス一二世が自ら、この和平仲介の動きを承知していたとか、さらに踏み込んで言えば、この働きかけ自体、教皇の指示によるものだった、というようなことを指し示す、その根拠となるような証拠は何も見つかっていない。

また、日本側からバチカンに、アメリカとの争いを終結させるために仲介を頼んだという動きは何もなかったのだろうか、ということも私は気になっていた。昭和天皇が、自ら信頼する外交官、原田健《はらだけん》を初代駐バチカン日本公使に任命して派遣したのは、破滅的になったアメリカとの戦争をなんとか終わらせるため、その糸口を摑《つか》むためだったということは、いくつかの証言などから事実だろうと思うが、確証を持てるような具体的な文書といったものは出てこない。さらに言えば、太平洋戦争が始まる直前まで、昭和天皇がなんとかアメリカとの開戦を回避できないかと心を砕いていたということも、いくつかの書籍などからは推測できることではあったが、やはりそれは推測の域を出ないレベルのものだったと言えるだろう。

第二次世界大戦という、人類史上例を見ない惨禍《さんか》をもたらした戦争。最終的にはアメリカ軍が広島と長崎に原子爆弾を投下した、この悲劇的な衝突を避けるために、日本の元首だった昭和天皇と、バチカンの元首だった第二六〇代ローマ教皇ピウス一二世は何をして、何をしなかったのか。しかし、それらを示すような〝証拠〟や文書などは、日本のバチカン研究者たちもこれまで何ら見つけられていないということだった。

せめて、これらのことを考えるヒントとなるような史料でも見つからないか。

思えば第二六六代ローマ教皇フランシスコが二〇二〇年三月に、ピウス一二世時代のバチカン機密文書の公開を始めてから、すでに二年が経過しようとしていた。バチカン機密文書館に通って、文書〝発掘〟を繰り返し試みても、めぼしいものは何も見つからない。協力してくれている共同通信ローマ支局のイタリア人助手も「津村さん、もう日本関係の文書で面白そうなものはありませんよ。散々探してきたじゃないですか」とあきれ顔で言う。私がしつこくこの問題を追いかけていることに嫌気がさしているのだろう。助手からすれば、さして興味もない、日本とアメリカとバチカンの歴史など、どうでもいいのだ。

そうこうしているうちに、二〇二二年二月に、ロシアによるウクライナへの侵攻が始まってしまった。

戦争が始まりそうだということで、ウクライナの首都キーウに飛び、出張取材していた私にとっては、過去の歴史上の第二次世界大戦の話より、目の前で繰り広げられている凄《せい》惨《さん》な殺し合いのほうが、向き合わなければならない切実な現実となった。

ウクライナへの出張取材をいったん切り上げて、イタリアの首都ローマに戻った後も、しばらく私はバチカン機密文書とは向き合えないでいた。突然(のように私には感じられた)始まった、ロシアによる理不尽なウクライナへの軍事侵攻が、二一世紀の現代に現実に起きていることとはどうしても思えず、虐《しいた》げられていく無辜《むこ》の市民たちの姿が忘れられない。記者として現地の様子を記事にして、日本に送り続けたが、それで悲惨な現実は何も変わらない。自分の無力さも嫌というほど思い知って、何かをやろうという気力が起きなかったのだ。

ようやく、記者としての気力が戻ってきたのは二〇二二年の夏が始まったころだったかと思う。しかし、そうは言っても、バチカン機密文書館での史料〝発掘〟はこれ以上、成果が得られそうもない状況でもあった。有り体にいえば、八方ふさがりになっていた。

そんなとき、ある人がヒントをくれた。

「バチカン機密文書館での史料探しが壁に当たっているのなら、バチカン国務省文書館に行ってみてはどうですか」

無知な私は知らなかったのだが、バチカンには「機密文書館」のほかに、「国務省文書館」という別の建物もあるらしい。バチカン国務省とは、バチカンの外交を担当する省であるから、であれば、外交に関係する史料もたくさんあるのではないか。仕組みはよくわからないが、バチカン国務省文書館にあるピウス一二世時代の史料も、ローマ教皇フランシスコによって二〇二〇年三月に機密解除されているのだろう。それなら、各国の研究者たちにとっても未知の文書が数多く眠っているに違いない。

私はさっそく、バチカン国務省文書館での〝発掘〟に取りかかることにした。ところが、ここでまたバチカン機密文書館で当たった壁にぶち当たる。文書館に入れるのは、研究者や学識経験者に限られるとのこと。報道機関や記者には、入館資格はないというのだ。

そこで私はまた、それまでに培った人脈を駆使し、関係者らへの根回しをして、入館にこぎ着けることとなった。これもバチカン機密文書館のときと同様だったが、やはり新型コロナウイルスによる入館人数制限もあり、予約待ちは一年以上という状況だったのだが、それもいろいろと動き回ってクリアした。

結構高めのハードルをいくつも飛び越えて、ようやくバチカン国務省文書館での〝発掘〟作業に取りかかったのだが、それまでの苦労がうそのように、「それ」はあっさりと見つかった。

日米開戦前夜、パウロ・マレラからの手紙

見つかったものは、またもや手紙だった。

差し出し人は、パウロ・マレラだ。第三章に登場した、第四代駐日ローマ教皇庁教皇使節。一九三三年にバチカンを代表して日本に派遣されてきた人物である。日本とバチカンに外交関係がなかった時代に任命されているため、大使の肩書こそないが、日本との外交の窓口となる、実質的な大使と言ってよい。

その実質的なバチカン大使、パウロ・マレラが手紙を出した宛先《あてさき》は、バチカン国務省長官ルイジ・マリオーネだった。バチカン国務長官は、バチカン市国の元首であるローマ教

皇に次ぐナンバー2の権力者で、バチカン行政を取り仕切る首相に相当する。手紙の日付は一九四一年一月二〇日となっていた。日本軍がアメリカのハワイにある真珠湾を奇襲し、太平洋戦争が始まるのがこの年の一二月であることを考えると、日本を取り巻く国際情勢が非常にきな臭くなっていた時期だとわかる。

結論から言うと、この手紙は、パウロ・マレラが時の日本の外務大臣、松岡洋右《まつおかようすけ》［写真⑩］を訪ねていったときの報告が中心となっている。松岡洋右といえば、日本が国際連盟を脱退するときに「全権」特使として議場を蹴《け》って退出した人物として記憶している人も多いだろう。そんな「強硬派」のイメージもある松岡とマレラのやりとりに注目してほしい。併せて、当時の日本政府や軍部の雰囲気も生々しく伝わってきて、それらも興味深い点だと思う。

今回のこの書簡は、第三章で紹介した手書きのものとは違い、イタリア語で印字されている。タイプライターで打たれたものらしく、五ページにわたっている。バチカン国務省文書館の分類で「パウロ・マレラからマリオーネ国務省長官に出された書簡」とのタイトルが付けられていた。要旨は次のような内容であった。ここでも、その後の取材で判明したことなどをカッコで補ってみる。

最も尊敬すべき閣下へ

残念ながら、ここのところ、定期的な報告ができていませんでした。閣下の高潔さにおいて、その理由をご理解いただけていることを望んでいます。まず第一に、(バチカンの)布教聖省《ふきょうせいしょう》にも知らせてある通り、私の全精力を消耗させる、途方もなく、報われない仕事に専念しなければならなかったのです。ましてや、(日本国内の)政治は非常にもつれた状況にあり、真剣に、役立つような説明すらできず、日々驚くことが起きるために、判断や予測の修正を常に迫られています。こういったことは今日、世界中のあらゆる所で起きているのではないかと思います。こういった理由からも(バチカンの?)大使館や使節館は、(通常の)報告文よりも暗号を大量に使うことになっています。

この国(日本のこと)にはびこる混乱と最大級の不協和音について、はっきり書くことは検閲により妨げられています。きわめて強い愛国心は、国を守らなければならないという責任感を国民ひとりひとりとそれぞれの組織に感じさせるようにしており、彼らがメリットを享受し、願いをかなえるためには、そうすることが唯一の効果的な方法だと信じさせてもいるのです。(日本の)各省庁や政府の事務所は、(ここで突然、手紙の宛先が印字されている)

⑩日独伊三国同盟の締結を祝う松岡洋右。（左から）東条英機陸相、星野直樹無任所相、インデルリ駐日伊大使、松岡洋右外相、オット駐日独大使。1940年9月、外相官邸　（写真提供：共同通信社）

最も尊敬すべき
枢機卿《すうききょう》ルイジ・マリオーネ
バチカン国務省長官

（手紙の続きが再開される）（日本の各省庁や政府の事務所は）疑心暗鬼に陥り、互いに監視し合っています。好意的な態度と冷たい態度が混ざり合っていて、同じ省庁内であったとしても、日本特有の嫉妬《しっと》の感情が蔓延《まんえん》しているのです。こうした意見の対立がどれほど大臣（誰のことを指しているのかよくわからない。マレラ自身のことだろうか）の手を縛っていることでしょう！　陸軍と海軍の間にさえ、相手との競争に勝てるようにと足を引っ張り合う、いがみ合いが存在していることは公然の秘密となっているのです。したがって、〝日本政府〟という表現に意味はないのです。何世紀にもわたって続いてきた封建制と軍国主義は消えることのない痕跡を、人々の上に残しました。日本国民は、議論の余地なく正当な主権者にして、父である天皇陛下に対してのみ団結しているのです。

緊迫した雰囲気の中、各政党とほぼすべての民間の愛国団体は Taisei Yokusan Kai（大政翼賛会）か Shintaisei（新体制運動のことか）に合流するために自発的に解散しました。このことは一九四〇年九月一八日と一九四〇年九月二八日の報告書で私が書いた通りです。この組織（大政翼賛会のことか）は全体主義の特徴を持ち、きわめて多数のスタッフと無数の事務所、支部、セクションなどを抱えています。公共における多くの議論や承認、批判を経ても、いまだ誰もその性質を知らないし、この後どういった変化が起こるかも理解していないままです。しかしながら、〝Shintaisei〟（新体制運動）の精神は日々、人々にすり込まれていっています。時に狂信的な核心に向かって（中略）。

（中略）極東で新しい秩序を作ろうという日本の理想実現を妨げようとする勢力への暗い怒りが育ってきています。日中戦争はついに四年目に入り、最近のアメリカの頑《かたく》なな断固とした姿勢を考慮に入れれば、われわれが世界戦争に巻き込まれるのは間近に迫っています。

そして、ここでこの手紙の本題に入りますが、私は数日前に、外務大臣である松岡洋右氏に謁見《えっけん》を賜《たまわ》りました。彼が多忙のために、これまで彼と接触することができていなかったのです。非常に友好的な歓迎を受け、心のこもった会話が交わされました。そして、この会談での話題はアメリカの参戦可能性についてに集中いたしました。（松岡）大臣は私に、日本は（アメリカに対して）先制攻撃するつもりは決してないと言いました。また（日独伊の）枢軸国同盟は平和を目的につくられたものであることを（アメリカに対して）バチカンが保証してほしいとも言いました。そして最後に、危機にさらされている人類文明を救うために、バチカンにはアメリカが世界中を荒廃させる戦争を拡大するのを何としてでも止める義務があると述べました。

松岡氏は力強く、流暢《りゅうちょう》な英語で、ほとんど一息に三〇分間話し続けました。まるで授業の内容を暗唱してきたかのようで、私に口を挟む機会を与えなかったのです。私が辞去する際、彼は日本はバチカンとの外交関係樹立を望んでいるが、現時点では難しいと繰り返しました。（日本の）外務省が、バチカンの〝宗教的〟というよりは〝政治的〟な強い影響力を利用しようとしていることに疑いはありません。

今週、（日本）軍の筋から得た別の情報があります。蒋介石《しょうかいせき》が（中華民国と）バチカンとの外交関係を樹立しようとしていることは知られていますが、情報提供者は、もしこれが実現すれば日本に重い驚きと嫌悪感をもたらすことになると言いました。南《ナン》京《キン》には（日本軍占領地の親日の）国民政府が成立しているので、バチカンが重慶《じゅうけい》（を拠点とする蒋介石の中華民国）を承認すれば、日本国民はローマ教皇は「あちら側」なのだと結論づけることになると続けました。私は、バチカンはこの種の問題に常にあらゆる考慮と慎重さ、中立性を持って対処する慣例があると答えました。

このような状況の中では、非常に用心深くならなければならないため、この書簡は、アメリカに渡る、深く信頼している聖職者に託します。

バチカンの情報収集力

あらためて、訳しおろしてみて、この手紙を最初に見た当時の記憶が蘇《よみがえ》ってきた。

日本政府の外交のトップである外務大臣の松岡洋右が、バチカンを代表して派遣されてきていた事実上の大使、パウロ・マレラに対して、ここまではっきりアメリカとの衝突を避けるための仲介を要請していたのか。

私は鼻血が出そうなほど興奮した。

しかも、松岡は三〇分もの間、マレラに口を挟むいとまも与えないまま「まるで授業の内容を暗唱してきた」生徒のように、一息にまくしたててきたというではないか。用意周到に準備した上で、バチカンは日本とアメリカの間に立って、世界を破滅に導くであろう戦争を回避する責務があるとマレラに迫っていたのだ。これが松岡の思いつきや、伊達や酔狂で発せられた言葉でないことは明らかだ。もっといえば、松岡の独断で、このような要請をしたとは考えにくい。その後ろには昭和天皇がいたと推測するのが自然ではないか。

そして、松岡の会談した相手はバチカンの実質的な大使である。当然、松岡が述べた言葉はそのまま本国バチカンやローマ教皇庁の高官たちに伝えられる。その報告の最終的な受け取り人は言わずもがなローマ教皇ピウス一二世である。実際、マレラは松岡との会談内容をこうしてつぶさに手紙にしたため、ローマ教皇に次ぐバチカンのナンバー2の実力者、国務長官のルイジ・マリオーネに報告していたのだ。この内容がピウス一二世にまで上げられていなかったはずはない。

この手紙を読み、日米和平仲介に関して、バチカンが組織として、国家として動いた可能性があったということが、私の中で確信に変わった。マレラの手紙の中でも言及されている「国民が唯一、団結する」心のよりどころとしていた日本の元首、昭和天皇と、主権国家バチカンの元首にして、宗教機関ローマ教皇庁の最高指導者であるピウス一二世が、一本の線でつながった瞬間だった。

しかも、このマレラの手紙に書かれていたことはそれだけではなかった。

新体制運動によって各政党が解散し、大政翼賛会に合流したこと。これらの動きが全体主義(ファシズム)の特徴を持っていたこと。同じ日本軍の中にあってさえ、陸軍と海軍がいがみ合い、疑心暗鬼に陥り、日本政府内でも嫉妬による足の引っ張り合いが横行していたこと。これらのことは、現在の私たちが歴史を学んだ上であれば、既知の事実として当たり前のこととして受け取れるが、当時の日本国民、市民たちにとっては、公然とは指摘できないことだったはずだ。とくに大政翼賛会がファシズムの特徴を持っているといったことは、市民たちが広く意識できていたとは考えにくいし、陸軍と海軍がいがみ合っていたという情報は当時のほとんどの国民にはあずかり知らないことだっただろう。

日中戦争が四年目に入るという泥沼化の様相を見せ、中国の背後に控えるアメリカの態度が硬化し、「世界戦争に巻き込まれるのは間近に迫って」いるとの危機感を募らせていたパウロ・マレラ。彼の予測は哀しいほど正確に、その後、現実化していくわけだが、そういった国際情勢の分析と併せて、日本社会が全体主義、軍国主義に走っていく様子をきわめて冷静に見つめ、本国バチカンに報告していたことがわかる。

日本で暮らす市民たちも自覚していないほど〝自然〟に蔓延していった「進め一億火の玉だ」とのスローガンは、大政翼賛会が掲げたものだが、この言葉の持つ恐ろしさを、実質的な駐日バチカン大使のパウロ・マレラがリアルタイムで感じ取り、バチカン国務長官ルイジ・マリオーネに報告していたというのは興味深い。

実は手紙のところで（中略）としてしまった部分があるのは、日本語に訳すのが私には難しかったからなのだが、おそらくその箇所に書かれていることは、日本国民はよく自覚できていないままに、大政翼賛会が進める全体主義の流れに巻き込まれ、抵抗できなくなっている、という指摘がなされているのだと思う。マレラの観察眼の鋭さと情報の確度に驚かされる。

よく現代においても、バチカンは世界中に独自に広げたネットワークによって、各国の生の現地情報を収集し、布教活動や外交に役立てているという指摘がされるが、情報規制が厳しく行われていたであろう当時の日本で、これだけ生々しい報告をバチカンが受け取ることができていたことを考えるとすべて納得である。

実際、マレラからバチカン国務長官マリオーネに宛《あ》てられたこの手紙には「この国（日本のこと）にはびこる混乱と最大級の不協和音について、はっきり書くことは検閲により妨げられています」と明確に書かれている。さらに手紙の末尾には「このような状況の中では、非常に用心深くならなければならないため、この書簡は、アメリカに渡る、深く信頼している聖職者に託します」とまで記載がある。

常に中立を保つバチカンの実質的な大使であっても、このようなセンシティブな内容の手紙を書いたことがわかれば、どんな目に遭《あ》うかわからない状況に当時の日本はすでになっていたのであろう。そこで、ヨーロッパのバチカンにはではなく、わざわざまず遠いアメリカにこの手紙を運び、そこからバチカンに持って行ってもらうということをしている。ここでも「深く信頼している聖職者」というバチカンの協力者の存在がほのめかされ、世界中に張りめぐらされたローマ教皇庁の情報ネットワークが広がっていたことがうかがえる。実際のところ、各国で布教を行う宣教師らは、諜報活動というのもその重要な役割の一つだったのではないかと想像する。

以上が、駐日ローマ教皇庁教皇使節パウロ・マレラから、バチカン国務省長官ルイジ・マリオーネに宛てられた一九四一年一月二〇日付の手紙を読んで、私がまずつらつらと感じたことだった。

しかし、この手紙のことを、共同通信の配信記事としてまとめるためには、さらなる専門的な分析が必要になってくるだろう。私は関係者の取材を進め、学識経験者らの力も借り、この外交史料をさらに掘り下げることにした。

「パナマ文書」報道の経験

バチカン機密文書の発掘を進める中で見つけ出した、駐日ローマ教皇庁教皇使節パウロ・マレラからバチカン国務長官ルイジ・マリオーネに出された報告書とも言ってよい一通の書簡。この分析を進める上で役に立ったのは、「パナマ文書」報道で得たノウハウだった。私にとって、機密文書や内部文書を分析して、記事にまとめて配信していく作業を経験するのは、バチカン文書報道が初めてではなかった。

それは、このマレラの手紙とローマで向き合い続けた夏、私がバチカン機密文書取材に取り組んだ二〇二二年の夏から、さかのぼること六年あまり前のことだった。私は、東京・新橋の共同通信本社の中にある小さな小さな部屋で、その瞬間を待っていた。

二〇一六年四月四日の日本時間午前三時。共同通信が参加する国際調査報道ジャーナリスト連合（ＩＣＩＪ）が、タックスヘイブン（租税回避地）の実態を暴く報道を世界同時解禁で一斉に開始した、その瞬間だ。

「詳しくは言えないが、あるプロジェクトに興味はあるか」。共同通信で調査報道を担当する部署、特別報道室の次長のところに、国際調査報道ジャーナリスト連合に加わるイタリア人記者からメールが届いたのは、この二〇一六年四月四日の「その瞬間」より、さらに何カ月も前のことだった。これが、後に「史上最大のリーク」と評されることにもなる「パナマ文書」に関するプロジェクトへのお誘いだったわけだが、連絡を受けた次長にとってもその時点では海のものとも山のものともわからない四方山話《よもやまばなし》だった。

当然、そのときには「パナマ文書」という呼称すら存在していないし、国際調査報道ジャーナリスト連合自体が日本で知られた存在ではなかった。しかし、室長と次長、そして私ともうひとりの記者、計四人の特別報道室メンバー（特別報道室のメンバーはたった四人で、記者にいたっては二人しかいなかった）は話し合いの末、このプロジェクトに乗ることにした。

われわれがまず取りかかったのは資料の読み込み作業だった。後に「パナマ文書」と呼ばれるようになった「ブツ」は、ヨーロッパの有力紙である南ドイツ新聞の記者が入手したもので、タックスヘイブンでの法人設立を代行するパナマの法律事務所「モサック・フォンセカ」の内部文書群だった［写真⑪］。

それらは実に一一五〇万通にも及び、国際調査報道ジャーナリスト連合がデジタル化し、キーワード検索もできるようにしているとはいえ、一日に一〇〇〇通をチェックしても、その作業を終えるまでに三〇年以上を要するという膨大な量だ。その中で、われわれは日本が関係していそうな箇所を調べ、ローマ字で書かれた日本人とみられる名前が見つかれば、報道に値する人物なのかどうかを見極めるため、さまざまな漢字を当てはめ、資料に記載のある住所地を訪ねたりもしながら、精査していった。

このあたりのノウハウは、バチカン機密文書の取材を進める上でも、外国語で書かれた文書であるところや、日本に関係していそうな組織や人物を探していく必要があるとの共通点があったことから、とても役に立った。

「パナマ文書」の日本関係のものを探し出し、その分析や精査に最も骨を折ったのは警備会社大手セコムの創業者に関する資料であった。八〇〇ページに及ぶ英文の内部書類には、租税回避のための仕組みが詳述されていた。信託、ペーパーカンパニー、種類株、黄金株、議決権行使のルール変更、などなど。日本語でも理解できなさそうな内容をひたすら読み込んでいくのだが、そもそも、今、読んでいるこの文書が「本物の内部文書」なのかの確信も持てないまま作業を進めなければならず、何度気が遠くなったかわからない。

一方、バチカン機密文書館やバチカン国務省文書館で探し出した史料が「偽物」だったという結果になる危険性はかなり低いと言えるので、その点は安心できるところだった。

ただ、「日本語でも理解できなさそうな」という点はまったく同じで、太平洋戦争中の日本を取り巻く状況や、アメリカや中国、バチカンも含む国際情勢についての歴史をよく理解していないと、書いている文章の意味がわからないということは多々ある。生半可な知識では、その文書に書かれている内容の「歴史的価値」を理解できず、見過ごしてしまうというおそれもある。

歴史上の有名人物であればまだいいが、たとえばパウロ・マレラのように知る人ぞ知る、といった存在であれば、できる限りの資料を集めて、研究者らの助けも借り、彼の宗教的、政治的背景や人柄、パーソナリティー、経歴などを調べ上げていく必要がある。

また歴史上の有名人物であったとしても、たとえば、松岡洋右の場合、彼のよく知られたイメージや経歴だけにとどまらず、松岡が当時、たとえば、先述のマレラの手紙が書かれたときにどのような立場に置かれていたかや、松岡洋右の唱えていた主張がどのようなものであったか、また彼と軍部との関係、彼と昭和天皇とのやりとりの有無、などなどを

⑪タックスヘイブン（租税回避地）に関する「パナマ文書」。この調査報道に参加したことがバチカン文書〝発掘〟に役立った　（写真提供：共同通信社）

つぶさに調べていかなければ、バチカン機密文書に記載されている内容の真価で、見えてこないものがあるはずだ。

そんなことを、私は「パナマ文書」取材の経験を振り返りながら考えていた。

実際、「パナマ文書」の内容を根気強く整理していった結果、数多くの日本企業や個人の日本人がタックスヘイブンを利用してきたのだという生々しい実態が浮かび上がってきた。こうした文書分析や精査の作業と同時並行で、私たちは文書に登場してきた企業や個人への直接取材も進めていった。

経済の専門家にも意見を聞き、仕組みを一から勉強し、タックスヘイブンの利用者たちに送る質問状を作成する。そうした上で、関西地方で出資金詐欺を繰り返し三億四〇〇〇万円もの金を集めた詐欺師の男を探し出して直接話を聞いたり、関東の指定暴力団の事務所を訪ねて取材したり、九州の田舎で巨富を築いたトレーダーの男性の自宅でタックスヘイブンの実際の利用の仕方を教わったりと、全国各地を飛び回った。さらには補強材料として、省庁や役所、裁判所で可能な限りの関連の公的資料を集め、大量に書き写し、「パナマ文書」に記載されている内容と符合するかチェックしていった。これらの地道な作業を進める上で、われわれは徐々に、この文書が「本物」であることを確信していったのだ。

そうした作業を経て、始まった世界同時報道の反響の大きさについては、覚えている読者もおられるかもしれないが、実際に取材を進めていたわれわれの想像をはるかに超えたものだった。結果、国際調査報道ジャーナリスト連合は、この「パナマ文書」報道でピュリツァー賞を受賞した。

しかし、このときに私が感じたのは単純な喜びではなかった。というのも、この「パナマ文書」は私自身が取材によって入手したものでもなければ、どこかの公文書館から〝発掘〟してきたものでもない。赤の他人である、南ドイツ新聞の記者が何らかの方法によって手に入れてきたものであり、最大の功績者は、この南ドイツ新聞の記者である。私は、このとき、自分自身で入手した貴重な文書を読み解くことで、世界をあっと言わせる原稿が書きたいと切実に思ったものだった。

世界をあっと言わせられたかどうかはわからないが、バチカン機密文書の取材には、私のそうした記者としてのエゴイスティックな欲と野心、思いが込められていた。

一変した松岡のイメージ

話をバチカン機密文書のマレラ書簡に戻す。駐日ローマ教皇庁教皇使節パウロ・マレラが一九四一年一月二〇日に出した、バチカン国務省長官ルイジ・マリオーネへの手紙である。

私はパナマ文書報道での経験も踏まえ、専門家の意見を聞くことが必要だと考えた。とくに松岡洋右について、もっと詳しく知る必要があるのではないか。幸い、パウロ・マレラについては第三章で紹介した書簡を分析した際、いろいろと調べ、マレラ研究の第一人者であるビンチェンツァ・カプリストにも取材済みであったため、松岡についてさらに詳しくなれば、記事にするためのピースが揃《そろ》うのではないかと思った。

というのも、私にとって松岡洋右とは、日本が満州国の承認問題をめぐり国際連盟を脱退した際、首席全権として演説をぶち上げて高らかに「脱退」を宣言し、議場を出て行った人物だ。日本のナショナリズムを煽《あお》って一躍〝ヒーロー〟になった外交官というイメージがあり、その後、外務大臣として、日独伊三国同盟を成立させていることからも、日本が戦争に突き進むことになった〝戦犯〟のひとりと言ってもいいぐらいではないだろうか。事実、松岡洋右は、太平洋戦争終結後の東京裁判（極東国際軍事裁判）ではA級戦犯として訴追されている。

こうした学校の歴史の授業で一通り勉強する松岡洋右の経歴と、駐日ローマ教皇庁教皇使節パウロ・マレラの手紙に登場する松岡洋右とは、どうにも同一人物とは思えないイメージの乖離《かいり》が私にはあった。日米開戦の原因を作ったと批判されることもある松岡洋右が、バチカンに対して、アメリカとの戦争を避けるために仲介役を果たしてほしいと必死に頼み込んでいたというのだから、この驚きは、私が歴史に対して無知だからというのだけが原因ではないだろう。

このイメージのギャップ解消を図るため、私が連絡を取ったのは、『松岡洋右と日米開戦──大衆政治家の功と罪』（二〇二〇年、吉川弘文館）を書いた服部聡《はっとりさとし》という研究者だった。服部は、この著書の版元を通してコンタクトを取るとすぐに返信をくれた。

私は『松岡洋右と日米開戦』を読み、まず、松岡洋右に抱いていたイメージが一変した。服部の研究によれば、「日米開戦の原因を作った外交官」というのは誤ったイメージで、実は松岡こそ、日米開戦の回避を図って尽力した人物のひとりだという。この後者の分析は、マレラの書簡に登場する松岡洋右の姿とぴったり一致するではないか。

私は勢い込んでマレラの手紙の内容を服部に伝え、解説をお願いした。

服部から言われて、まずうれしかったのは「津村さんが発見された史料（の内容）は、完全に未知の事実です」とのひとことだった。

松岡洋右に関する著書があり、松岡が日米開戦回避を図って行動していたという分析までしていた研究者でさえ、その存在を知らなかった史料だということを聞き、私は興奮を覚えた。ただ、日米開戦回避のために松岡が動いていたことを知っている服部にとっては同時に「歴史像を変える大発見とまではいきません」ということでもあった。それでも「興味深く、価値のある史料」だという。どのあたりが興味深いのか、服部の説明をまとめると次のようなことだった。

『松岡洋右と日米開戦』にも記述があるが、南進政策の破綻《はたん》を悟った松岡洋右は、一九四〇年一二月ごろからアメリカとの妥協を模索するようになったという。つまり、パウロ・マレラがバチカン国務省長官に報告の手紙を送った一九四一年一月二〇日の直前に、松岡は大きな方向転換をしていたことになる。逆に言えば、方針転換をした直後に、松岡はマレラに会ったことになる。それまで松岡の多忙を理由に会うことがかなわなかったというマレラが、突然、松岡と会談できるようになったのは偶然ではなかったということだろう。このことからも、松岡が明確にバチカンにアメリカとの仲介を要請するという目的をもって、マレラに会ったことが想像できる。

服部によると、松岡洋右がアメリカとの妥協を模索するようになったきっかけは、当時のアメリカ大統領ルーズベルトにつながるルートを持っていたカトリック宣教会メリノール会の関係者と接触したことだったという。そう。アメリカとの妥協を模索するきっかけがそもそも「カトリック」の関係者だったというのだ。ローマ・カトリック教会の頂点に立つローマ教皇と、その教皇がおさめるバチカンに、松岡洋右が関心を示すことになったのもきわめて自然な流れだ。服部はこれについて、「メリノール会というカトリックの宣教会の関係者と接触したことをきっかけに、アメリカとの妥協を模索するようになったという文脈を踏まえれば、松岡が対米戦争回避への仲介を、バチカンを通じて模索しようとしたというのはある意味で当然の策であると言え、不思議さはありません」と指摘してくれた。

なるほど非常にわかりやすい。

服部はさらに、反共主義者でポリティカルなローマ教皇として知られたピウス一二世を、松岡は「広報外交」のチャンネルとして利用したのだろうとも解説してくれた。対米開戦回避を焦る松岡洋右は、あらゆるチャンネルを通してアメリカに対する工作を試みていたわけで、結論としては、パウロ・マレラの手紙は、対米工作に血道をあげる松岡の必死さを浮き彫りにする史料と言える、とのことだった。

私は、これらの話を聞いて、記事を書くためのパズルのピースが完全に埋まったと思った。補足取材でバチカン関係者からも話を聞いた上で、配信するための原稿を執筆していった。

「存在しないはず」の史料

私は新聞に大きく記事を掲載してもらうため、各種の原稿メニューを考えた。松岡洋右研究の第一人者、服部聡の解説もまとめ、新聞紙面丸々一ページを割いても載りきれないほどの記事を書いた。業界用語で「本記」と呼ばれる、基本となる原稿は次のような見出しと内容だった。

◎バチカンへ対米仲介要請
　太平洋戦争直前、松岡外相
　教皇機密文書で判明
【ローマ共同】日本が一九四一年一二月に米英などの連合国相手の太平洋戦争に踏み切る直前、当時の松岡洋右外相がローマ教皇庁（バチカン）に米国との戦争回避に向けた仲介を要請していたことがわかった。ローマ教皇ピウス一二世（在位三九～五八年）関連の機密文書を共同通信が閲覧し判明した。
日本は三七年に日中戦争を開始し、中国を支援する米国との対立が深刻化。軍部を中心に強硬論が台頭する中、米との開戦回避がぎりぎりまで模索されていた実態が明らかになった。
文書は、駐日ローマ教皇使節（現在の大使に相当）を務めたパウロ・マレラ大司教が東京からバチカンのナンバー2であるマリオーネ国務長官に宛てて出した書簡で四一年一月二〇日付。日本とバチカンは翌四二年に外交関係を結んだ。今年は国交樹立八〇周年。

マレラ氏は書簡で、日本について「中国との戦争は四年目に入った。最近の米国の毅然とした態度を踏まえると世界戦争に巻き込まれる直前にある」と指摘。数日前の松岡氏との会談では、米国の参戦可能性に話題が集中したと述べている。

松岡氏からマレラ氏に①日本は先制攻撃する意図はないと米国に対しバチカンが保証してほしい②日独伊の枢軸国同盟は平和を目的としている③バチカンには米国が全世界に戦争を広めて荒廃をもたらすのを防ぐ責務がある――などの主張があったという。

マレラ氏は、松岡氏が日本とバチカンが国交を結ぶべきだと考えているが実現は困難と見ていると報告。「日本外務省がバチカンの宗教的権威というより、強い政治的影響力を利用しようとしているのは間違いない」とも指摘している。

旧日本軍はこの書簡が出された年である一九四一年一二月に米ハワイの真珠湾の米軍基地を奇襲攻撃し、太平洋戦争が始まった。（了）

まだ世に知られていなかった事実を明らかにした、意義のある原稿になったと思った。

文書〝発掘〟に始まり、イタリア語から日本語への翻訳を経て、分析や専門家への取材を基に、執筆していく作業は苦労も多かったが、充実感があった。しかし、この「本記」を中心とする、バチカン機密文書についての記事一式が共同通信から配信されることはなかった。なぜか。

それは、これらの原稿に書かれていた以上のことが記録された文書を、私がこの後見つけてしまったからだ。

私としては、このパウロ・マレラからバチカン国務省長官に出された手紙を「解読」できただけで、当初の目標は達成したつもりだった。新たに発掘したバチカン機密文書とにらみ合い、私はうれしい悲鳴をあげながら、再び史料の読み込みと分析、関係者への取材を開始した。

原稿を大幅に書き換えるアップデート作業を進めていったのは、私の五年超にわたったローマでの特派員生活も残りわずかに迫っていた二〇二二年秋のことだった。

新たに見つけた文書とは、松岡洋右研究の第一人者である服部聡が「残念ながら、そのような史料は存在しません」と嘆いていた「存在しないはず」の史料だった。同時に、日本のバチカン研究の大家もその史料を見たとき驚嘆し「これをずっと探していた。すごすぎて言葉が出ない」と漏らした文書でもあった。

私のバチカン機密文書〝発掘〟の旅は、ようやくひとまずの終着を迎えようとしていた。

第五章 それでも止められなかった破滅的な戦争

「まるで戦争が起きたみたいやね」

共同通信ローマ支局での任を終え、イタリアから日本に帰国して一年がたった大晦日《おおみそか》、私は新たな勤務先となっていた名古屋でひたすらこの本の原稿を書いていた。「はじめに」「第一章」「第二章」「第三章」「第四章」と進んできたが、出版社に設定された締め切り日である二〇二三年一二月三一日のうちに、残る「第五章」と「第六章」、そして「むすびに」を書き終えることは到底できそうにない。

まもなく暦が替わろうかという午後一一時ごろ、昔から世話になっている編集者の松戸さち子さんに「申し訳ありませんが、間に合いませんでした。必ず一月一二日までには原稿を完成させて、お送りします」とメールし詫《わ》びた。

そして迎えた二〇二四年一月一日。元日。

名古屋支社編集部のデスクになっていた私は、正月出番にぶつくさ言いながら、会社で朝からお屠蘇《とそ》をたしなんでいた。前日からの大晦日泊まりを命じられた明け勤務の新人記者と、おせちをだらだらとつまんで過ごす。あと二時間ほどでシフトが終わるなと、壁にかかった時計を眺める。家に帰ったら、本の原稿の続きを書こうとぼんやり考えていた。

そのとき、まがまがしい緊急地震速報の音が響いた。

新人と一緒に即座に立ち上がる。

場所はどこだ。

総務省消防庁の全国瞬時警報システム（Jアラート）の第一報は「石川県で地震　北陸で強い揺れ」として予想最大震度を「5強」と伝えていた。

北陸地方の富山県、石川県、福井県は名古屋支社の管内となっている。この地域で起きた出来事に関する原稿は、名古屋のデスクが責任を持って編集し、各新聞社に配信しなければならない。明日から予定していた正月休みはつぶれるかな……。そんな思いが頭をよぎった矢先、気象庁から「石川県能登で震度6強」との発表。続いて富山の新人記者から支社に電話がかかってきて「ものすごく揺れています。棚から本がすべて落ちました。ものすごく揺れています。今、支局です」と報告があった。自分の身の安全確保を第一に考えるようお願いして、聞き取った内容を「番外」と呼ばれる速報記事にする。

午後四時一六分、気象庁が「きょう午後四時一〇分ごろ、石川県能登地方を震源とする地震があり、石川県で震度7を観測しました」と発表した。

「震度7……」

間を置かず、一六時一七分には「フラッシュ」と呼ばれる、共同通信が最大級のニュースを知らせるときに使う速報で「石川県で震度7」を打つ。さらに気象庁は大津波警報を発令した。NHKのアナウンサーが大声で「逃げてください」と繰り返し叫び始めた。二〇一一年三月一一日の東日本大震災以来の大津波警報が発表された。

この二〇二四年の元日の夕刻以降、一カ月あまりの明確な記憶が私にはほとんどない。岐阜や静岡、三重を含めた名古屋支社管内の動ける記者全員に北陸に向かってもらい、速報を乱打し、石川県輪島市の観光名所「輪島朝市」での大規模火災の発生を番外で報じたことなどを断片的に覚えている程度だ。まもなく、共同通信の全国の本支社局から石川に向けて記者やカメラマンが投入され、社の総力を挙げた取材が始まる。

いつのまにか支社のホワイトボードには、私の上司である名古屋支社編集部長によって大書きされた「全権　津村」の青文字があった。能登半島地震に関わるすべての取材指揮を執り、出稿を取り仕切る任に就《つ》いた。

気づけば、この本の新たな締め切り日だったはずの二〇二四年一月一二日には被災地にいた。

最大震度7を観測し、甚大《じんだい》な津波被害が出た石川県の珠洲《すず》市で知り合った男性は、

「まるで戦争が起きたみたいやね」

と私に漏らした。

災害関連死を含め、少なくとも三四一人の死者を出した能登半島地震の被災地で、戦争

を体験したことがないという彼と、シリアやガザ、ウクライナで戦場取材をしてきた私がそのとき考えていたことはまったく同じだった。見渡す限りのがれきの山を前に、私は本当に、今まさにここで戦争が起きているみたいだと錯覚しそうになった。

七九年前に終結した戦争についての本の執筆を再開するには、まだしばらく時間が必要だった。

ピウス一二世への〝直談判〟

「これは、どんなささやき声であっても漏らさないでいただきたい最高機密ですが、日本は中国との戦争終結を望んでいます。戦争が世界規模に拡大するような事態の悪化を防ぐためには、どうしてもアメリカの参戦を防がなければなりません。バチカンはアメリカ大統領ルーズベルトを説得するべきです」

日本が真珠湾攻撃に踏み切り、太平洋戦争が始まる一九四一年一二月からさかのぼること八カ月前の一九四一年四月二日。日中戦争が四年目に入り泥沼化する中で、時の日本の外務大臣、松岡《まつおか》洋右《ようすけ》はバチカンを訪問し、ローマ教皇庁の最高権力者である教皇ピウス一二世［写真⑫］に謁見《えっけん》し、日米和平仲介を求める極秘の〝直談判〟をこのように行っていた。

この会談内容が記された機密文書をバチカンの公文書館から私が発掘したのは、イタリアが新型コロナウイルス禍からの復興に取り組んでいたさなかの二〇二二年秋のことだった。そして、この機密文書こそが、前章で触れた、松岡洋右研究の第一人者である服部《はっとり》聡《さとし》が「残念ながら、そのような史料は存在しません」と嘆いた、あるはずのない文書だった。

国際連盟総会に日本の「全権」として派遣され、満州国に関する決議案に反対して議場を退席した人物として知られる松岡洋右。国際連盟脱退を決定づけ、第二次世界大戦につながる動きの一つを作ったと言っても過言ではない「強硬派」のイメージがある彼が、実は外務大臣として、駐日ローマ教皇庁教皇使節パウロ・マレラに日米和平の仲介を求めていたことが判明したと書いた〝幻の原稿〟については前章で紹介した。なぜこの記事が配信されなかったのか。それは、その後に私がこの文書を見つけたからだ。

松岡洋右が、バチカン大使に相当する駐日ローマ教皇庁教皇使節のパウロ・マレラに対し、日米和平の仲介を要請していたことがわかったのは大きな驚きであったが、この原稿を配信するという最終段階になって私はあることに気づいた。

実はすでに基幹記事である「本記」に加え、「解説」や「大型サイド」「識者談話」といったプラスアルファも加えたフルメニューの原稿一式は、東京の本社に送り済みになっていて、あとはほかのニュースとの兼ね合いをスケジュール調整して、新聞社への配信を

⑫第260代ローマ教皇、ピウス12世。1941年4月（日米開戦の8カ月前）、松岡洋右外相は日米和平仲介を求めてピウス12世に直談判した　（ANSA＝共同）

待つばかりとなっていた。それらの記事の中には、松岡洋右の経歴についてまとめたものもあった。

それは次のような内容だった。

松岡洋右は一八八〇年、山口県に生まれた。一〇代で渡ったアメリカで、苦学して大学を卒業し、日本に帰国後に外交官となった。一九二一年に外務省を退職し、国策会社の南満州鉄道（満鉄）に入社した。衆議院議員に転じた後の一九三三年、国際連盟総会に「全権」として出席した。満州事変を日本の侵略行為と断定し、日本軍の撤退を求めたリットン報告書が採択されたことに抗議し議場を退場した。その後、日本は国際連盟を脱退した。満鉄総裁を経て、第二次近衛内閣で一九四〇年から一九四一年にかけて外務大臣を務め、日独伊三国同盟と日ソ中立条約を結んだ。一九四一年にはモスクワを経由し、ヨーロッパを訪問。ドイツやイタリアを歴訪し、この際、バチカンにも立ち寄り、ローマ教皇ピウス一二世と会談している。太平洋戦争終結後の東京裁判ではA級戦犯として訴追されたが公判中の一九四六年に死去した。

東京に送り済みとなっていたこの原稿をあらためて最終チェックしていたとき、私はある箇所に引っかかった。

「この際、バチカンにも立ち寄り、ローマ教皇ピウス一二世と会談している」

うん？　そうか、松岡洋右はピウス一二世に謁見しているんだった……。

うん？？　今、松岡洋右と駐日ローマ教皇庁教皇使節パウロ・マレラの会談内容についてまとめた原稿を配信しようとしているわけだが、松岡洋右はマレラと会談した後、バチカンでローマ教皇ピウス一二世と会っている……［写真⑬］。

ではなぜ、私は、その松岡洋右とピウス一二世との会談内容が記されたバチカン機密文書を探していないのか。

松岡洋右とパウロ・マレラの会談内容についての原稿を書くにあたって、事前に意見を求めた松岡洋右研究の第一人者、服部聡からもらったメールを見返してみても「津村さんのご指摘の通り、松岡は一九四一年の訪欧の際にピウス一二世と会見しています」との記述がある。このことからも、私が早い段階で松岡とピウス一二世が会っていたことを認識していたのは間違いない。

松岡洋右が駐日ローマ教皇庁教皇使節パウロ・マレラに日米和平の仲介を要請していたことがわかったのは大きなニュースだと思うが、バチカンで全権を掌握する元首にして、ローマ・カトリック教会の最高指導者であるローマ教皇に、日本の外務大臣がアメリカとの和平仲介を担うよう直談判していたことがわかったというのとでは重みがまったく違う。ましてや、そこに教皇側からの「回答」まで記されていたとしたら……。

それこそ、私が探し求めていたバチカンによる国を挙げての日米和平仲介が行われた証拠と言えるではないか。

ただ、服部によると、松岡洋右とローマ教皇ピウス一二世の会見内容に関する直接的な史料は存在しておらず、唯一、松岡の訪欧に同行した西園寺公一《さいおんじきんかず》による回想録で触れられているものが残っている程度だということも聞いていた。つまり、研究者がすでに探しつくしていたにもかかわらず、見つかってこなかった文書ということだ。

しかし、可能性がある以上、探すのが記者の性《さが》だろう。何より現ローマ教皇フランシスコがピウス一二世時代の機密文書の公開を新たに始めたのだから、これまでに服部が見つけることができなかった史料だとしても、バチカン機密文書館であれば見つかる可能性がある。

もしもこの文書を見つけることができたなら、すでに提稿済みのフルメニュー原稿一式を書き換えることになり、もともと準備していたものが世に出ることはなくなるが、それは仕方ない。うれしい悲鳴というやつだ。

松岡外相羅馬教皇廳訪問

四月二日我が松岡外相は訪欧の途次．世界平和再建に努力するヴアチカン教皇廳を訪れ．ピウス十二世教皇に單獨謁見を賜ひ．持論たる世界平和について一時間餘に亙つて意見の交換を行つた．寫眞上は謁見後マリオーネ國務卿を訪問．記念撮影に入る外相及び加藤秘書官・井上書記官の一行．下はウルバノ大學留學の邦人神學生たちの歡迎をうけつゝ教皇廳到着の松岡外相一行

⑬バチカン文書。松岡洋右のローマ教皇庁訪問を伝える日本の報道と思われる

発掘を再開

私は、自分がそのような文書を探そうという気がそもそもなかったということもすっかり忘れ、「まだやるんですか」とうんざりした様子のイタリア人助手の尻《しり》を叩《たた》いて「世紀の大発見が待っている」と鼓舞し、発掘を再開した。

例によって、バチカン機密文書館だけでなく、外交史料が主に保管されているとみられるバチカン国務省文書館にも手を広げてみる。するとまず、松岡洋右とローマ教皇ピウス一二世が一九四一年四月二日に会談したことを伝える、当時の日本の新聞の切り抜きが何点か見つかった【写真⑭】。

これは国務省文書館のほうに保管されていたのだが、この松岡洋右とピウス一二世の会談に関し、バチカンの外務全般を管轄する国務省が、日本の報道機関の報道ぶりをつぶさにチェックしていたということを意味すると思い、興味深く感じた。

ただ、これらの記事は単に会談したことを伝えるだけで、肝心の中身に関する言及がほとんどない。たとえば「Tokyo Asahi」と印字された【ローマ二日発同盟】とのクレジットの記事。これは朝日新聞の前身である東京朝日新聞に掲載された同盟通信社の配信記事ということだろう。同盟通信社は、私が勤めている共同通信社の前身の報道機関であるから、この【ローマ二日発同盟】の記事を書いた記者は私の大先輩特派員ということになる。

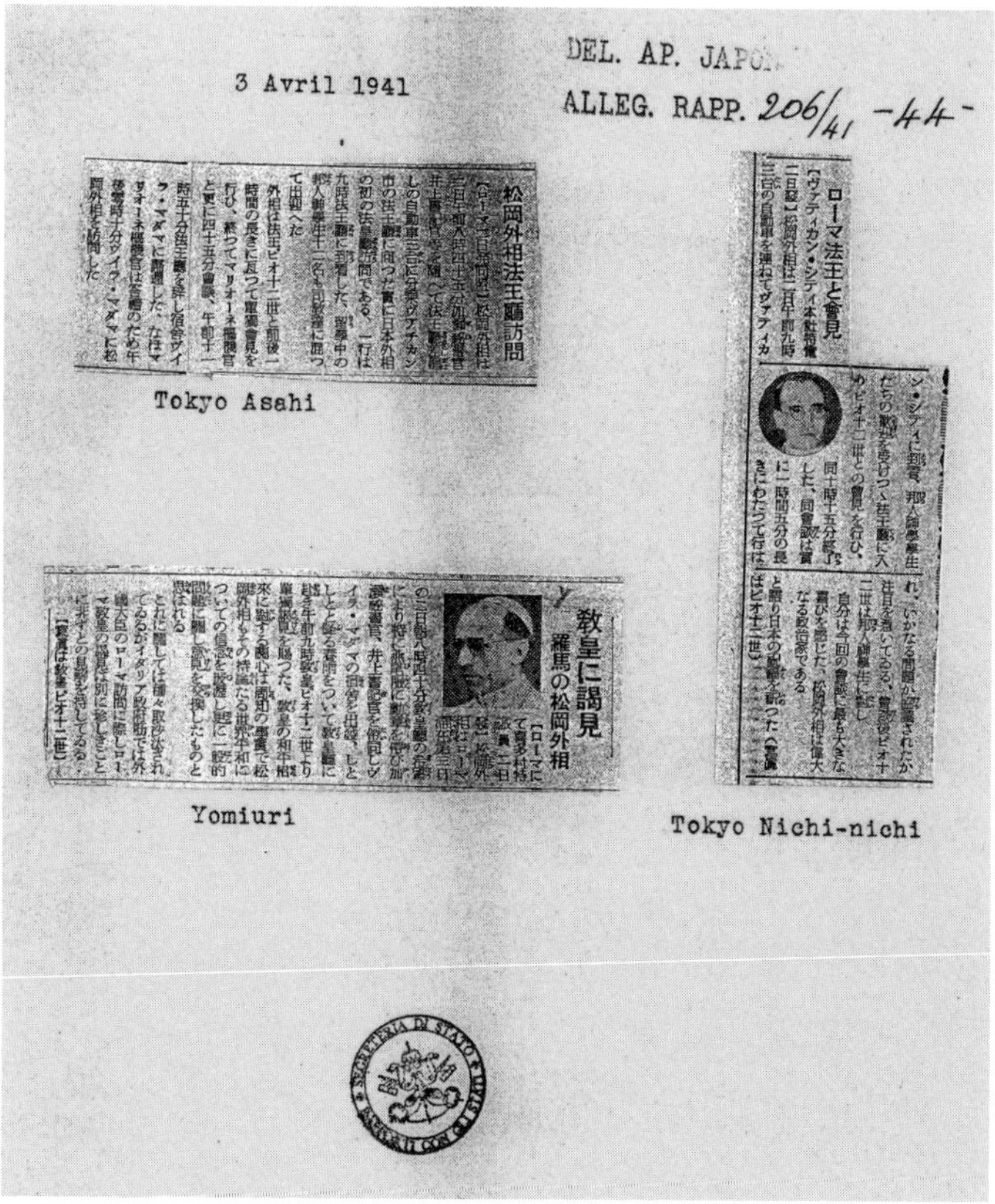

DEL. AP. JAPON

ALLEG. RAPP. 206/41 -44-

3 Avril 1941

松岡外相法王廳訪問

Tokyo Asahi

ローマ法王と會見

Tokyo Nichi-nichi

教皇に謁見
羅馬の松岡外相

Yomiuri

⑭バチカン文書。松岡洋右の教皇庁訪問を伝える日本の新聞記事。バチカンが日本の報道を気にしていたことがうかがえる

その原稿は、いわゆるベタ記事と呼ばれる小さな扱いのもので、見出しは短く「松岡外相法王聽訪問」とだけ書かれている。記事自体も非常に短く、松岡外相が「法王ピオ十二世」（ローマ教皇ピウス一二世のこと）に「前後一時間の長きに亙《わた》って」単独会見したことと、その後に「マリオーネ樞機《すうき》官《かん》」（バチカンナンバー2で首相に相当する国務長官のルイジ・マリオーネのこと）とも「四十五分」会談したことぐらいしか書いていない。会談内容については一切触れていない。

この記事に一番知りたいことが書かれていないのは、私の大先輩特派員が怠け者だったからだとか、情報を取る能力が著しく欠如していたからだということではなさそうなのは、バチカン国務省文書館に保管されていた別の新聞の切り抜きを見ればわかった。「Tokyo Nichi-nichi」（毎日新聞の前身の東京日日新聞のことか）には「いかなる問題が協議されたか注目を惹《ひ》いてゐる」とどこか他人事《ひとごと》のような記述があるだけだし、「Yomiuri」（読売新聞のことだろう）にいたっては、松岡洋右が「しとしとと降る春雨をついて教皇廳《ちょう》に赴き」というどうでもいい描写に続き、松岡が世界平和についての信念をピウス一二世に披露し、「更《さら》に一般的問題に関し」意見を交換した「ものと思はれる」と毒にも薬にもならないことが書かれているだけである。

推測を書くなら、もっと具体的なことを書けばいいのにと思ってしまうが、要は外務大臣、松岡洋右とローマ教皇ピウス一二世の会談に関し、日本政府からもバチカンからも、その中身については一切の発表がなかったということなのだろう。発表がないならないで、ローマ特派員たるもの、自ら情報源に当たって、その内容を聞き出し報道するべきだと思うが、それも難しかったということか。

この章の冒頭で触れたように松岡はピウス一二世に対し「ささやき声であっても漏らさないでいただきたい」と断った上で、その心中を明かしたのだ。それほどデリケートな機密事項が含まれる会談内容とはどのようなものだったのか。

バチカンナンバー2の直筆サイン

今回のバチカン機密文書の発掘に当たっては、松岡洋右とピウス一二世が会談した一九四一年四月二日の前後に期間を絞り、キーワードも「Giappone」(日本)や「Matsuoka」などを使って探していくのだが、なかなかうまくいかない。バチカン機密文書館の関係者に話を聞くと、現ローマ教皇フランシスコがピウス一二世時代の文書の機密を解除した二〇二〇年三月以降、該当する大量の文書群を一つ一つ順次、分類した上でデジタル化しているとのことだった。形式上、機密が解除されたとは言っても、デジタル化されていなければ、こちらは探しようがないし、そのコピーを入手することもできない。

つまり、バチカンの発表では二〇二〇年三月、ピウス一二世時代の膨大な文書が一斉に公開されるということだったが、実態としてはとてもそうは言えない状態が二〇二二年になっても続いていたのだ。機密文書館の関係者に、松岡洋右とピウス一二世の会談記録がないか探してくれないかとも聞いてみたのだが「近々、いくつかの日本関係の文書がデジタル化されるが、そこに会談記録が含まれるかはわからない。正直、機密解除された文書にどのようなものがあるかの全容はわれわれ文書館の人間でも把握しきれていない」とのことだった。

望み薄なのかもしれないと思いながら、私は漫画『MASTERキートン』の主人公がドナウ文明遺跡を探しているときのような気分で発掘を続けた。すると、先ほど紹介した日本の報道機関による新聞記事に続き、関係していそうな文書がぽろぽろと出てきた。しかし、それらは、松岡洋右とピウス一二世の会談内容を記録したものではなかった。在イタリアの日本大使館やローマ教皇庁との事前の打ち合わせをまとめたもので、服装といった外交儀礼上にまつわることが細々と書いてあるだけだ。

教皇庁のやりとりの相手が在バチカンの日本公館ではなく、在イタリアの日本大使館となっているのは、この時点でまだ日本とバチカンの間に外交関係は樹立されておらず、バチカンに日本公館自体が存在していなかったからだろう。第一章で紹介した初代駐バチカン日本公使の原田健が任命を受け、教皇ピウス一二世に信任状を捧呈したのは一九四二年五月九日なので、日本バチカンの外交関係が正式なものとなるまでには、松岡洋右とローマ教皇ピウス一二世との会談からさらに一年あまりの時が必要だったということになる。ちなみにバチカンに派遣される初代の日本公使の人選について、「元外務省情報部第二課長　松岡洋右氏に内定」との新聞記事が出たこともあったらしい。

史料探しを続ける中で、松岡洋右とピウス一二世の会談が行われた一九四一年四月二日の数日前に当たる、一九四一年三月二七日、二八日、二九日付のバチカン国務省の内部文書も見つけた。ただ、そこには「会談を午前九時開始にするか、それとも正午開始にするか」とか「午前九時開始にすることで決まった」といったスケジュールに関することや、会談は「非公式」なものとするといったことが、イタリア語の活字や手書きで記載されていただけだった。

松岡率いる外交団によるバチカン訪問が終わった後、バチカン側の一行も「返礼」として、松岡が滞在するローマの宿泊場所を訪れる段取りにしようというようなことも書かれており、これはこれで興味深くはあるのだが、私が今、探しているのは違うものだ。どうしても、時の外務大臣、松岡洋右とローマ教皇ピウス一二世との会談内容が知りたい。「やはりないのか……」とくじけかけたころ、それは見つかった。

文書は「その会談は午前一〇時二〇分ごろに始まった」という一文で書き出されていた。松岡洋右とローマ教皇ピウス一二世との会談は午前九時に始まったはずなので、これは別のものだなと最初、私は思った。

それは案の定、一九四一年四月二日に行われた松岡洋右とバチカンのナンバー2である国務長官ルイジ・マリオーネとの会談内容を記録したものだった。そう、松岡洋右はバチカンを訪問し、ローマ教皇ピウス一二世と会談した後、教皇に次ぐ実力者の国務長官マリオーネにも会っていたのだ。私はいくばくかの興奮と落胆を同時に味わった。

バチカンの首相に相当する国務長官マリオーネと日本の外務大臣である松岡洋右の会談内容の記録は、松岡と駐日ローマ教皇庁教皇使節パウロ・マレラの会談内容より重要であるのは間違いない。私がそれまでに手に入れてきた機密文書より、はるかに大切な報道すべき内容が含まれるであろうことは明らかで、私はそのために興奮した。しかし、同時に落胆もしたのは、私がそのとき探していたのは、バチカンの元首にしてローマ・カトリック教会、つまりローマ教皇庁のトップでもある教皇ピウス一二世と松岡洋右との会談内容の記録だったからだ。

しかし、そのバチカンの国務長官マリオーネと松岡洋右の会談記録を読み進めてすぐ、私は「おおお」と感嘆の声を上げていた。その文書には、「外務大臣、松岡洋右閣下」が国務長官マリオーネに対して、ローマ教皇ピウス一二世と長時間会談できたことに深い喜びを表明した上で「私は教皇にきわめて内密な自分の考えを伝えた。そして、あなた（国務長官マリオーネ）にも教皇に伝えたことと同じことを申し上げる」と述べたことが記録されていたのだ。つまり、松岡洋右が国務長官マリオーネに話したことはすべて、ローマ教皇ピウス一二世にも直接伝えたということであり、私が今読んでいるこの文書には、松岡がピウス一二世に話したことが書き記されているということになる。

文書はイタリア語の活字で記されており、A4サイズで八ページにわたっていた。それぞれのページの左側にバチカンの紋章と国務省の文字が入ったスタンプが押されているほか、冒頭一ページ目の左上に、なにやら手書きの文字がある。しかし、達筆すぎて読めない。サインのようにも見えるが、何であろうか。私は何度も何度もその手書きの文字を見返した。そして、おそらく名前を書いているであろう部分を見ていて、それが「Luigi」（ルイジ）であることに思い当たった。そう、国務長官マリオーネのファーストネームが「ルイジ」なのだ。私は、ほかのバチカン関係の史料を漁り、マリオーネの署名を確認した。それは間違いなく、国務長官ルイジ・マリオーネのサインだった［写真⑮］。

そして、ほかの署名をチェックしていくうちに、その手書きの文字がすべて読み取れた。それは「このまとめの内容は正しい　ルイジ」と書かれていたのだ。つまり、バチカン国務長官のマリオーネと日本の外務大臣である松岡洋右の会談について、ローマ教皇庁側の事務方がつぶさに記録した内容を、国務長官のマリオーネ自らチェックし、「このまとめの内容は正しい」と直筆の署名入りで保証した文書ということになる。

「きわめて内密な考え」とは

いよいよ私の興奮は高まっていた。

これまでのことを要約すると、この文書は、松岡洋右がローマ教皇ピウス一二世に「非公式な会談」で打ち明けたきわめて内密な話が記録された書類で、その内容は、バチカンのナンバー2にして、首相に相当する国務長官のルイジ・マリオーネが直筆サインで「事実である」と保証したもの、ということになる。

これを踏まえて、私は文書をあらためて読み始めた。

先ほど述べたように、冒頭には「その会談は午前一〇時二〇分ごろに始まった」と書かれている。「その会談」とは、松岡洋右とバチカン国務長官ルイジ・マリオーネとの会談を指す。松岡洋右とローマ教皇ピウス一二世の会談が午前九時から一時間ほどにわたって行われ、その後にマリオーネと会っているはずなので、時系列としてもこの情報と符合していると言えるだろう。

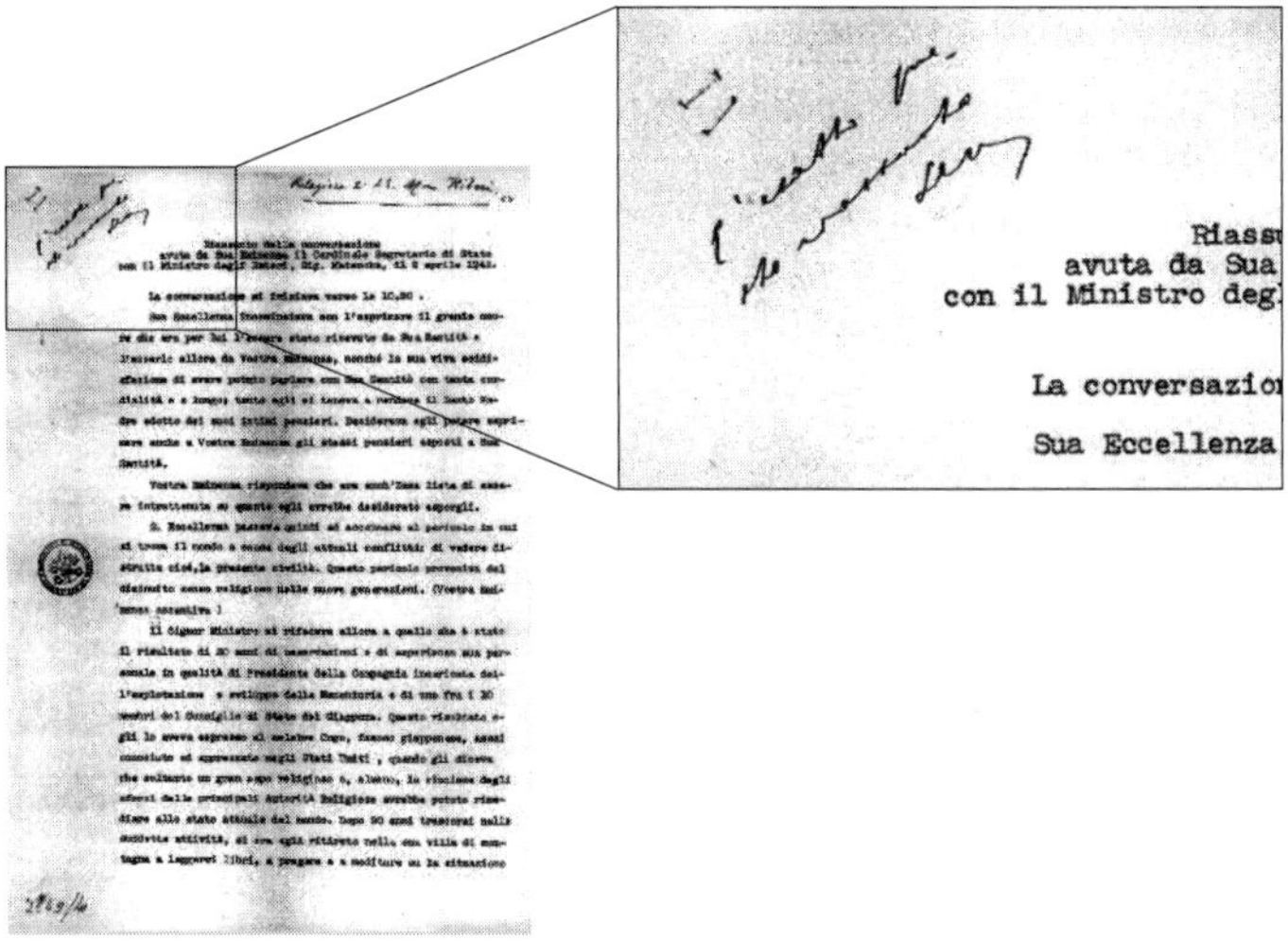

⑮バチカンのナンバー2、ルイジ・マリオーネが「このまとめの内容は正しい」とサイン入りで手書きしたバチカン文書

続いて、「閣下（松岡洋右のこと）は、このたびローマ教皇と国務長官閣下に謁見することができたことを非常に光栄に感じると表明することから始めた」と記述がある。そして「（松岡は）同様に、ローマ教皇が非常な誠実さをもって、これほどの長時間にわたり、会談に応じてくれたところに深い喜びを表した」と続く。

一時間前後の会談を「これほどの長時間」と感じるのは評価が分かれるところかもしれないが、私も確かに「結構な時間を取ったのだな」と思った。まだ国交が樹立されていない国の外務大臣であれば、本来は教皇に謁見すること自体がハードルの高いことだったのではないかとも思う。

たとえば、複雑な事情が絡み合っているため単純な比較は意味がないが、バチカンと国交のない中国の国家主席、習近平《しゅうきんぺい》は、これまでに現ローマ教皇フランシスコと会談したことはない。習近平が二〇一九年三月にヨーロッパを歴訪し、イタリアと巨大経済圏構想「一帯一路」協力に関する覚書に署名するためローマに滞在した際も、「ついにバチカンを訪れ、教皇と会うのではないか」と取り沙汰《とざた》されたが、両者が面会することはなかった。二〇二二年九月にも、教皇フランシスコがカザフスタンを訪問したとき、ちょうど同じタイミングで習近平もカザフスタンにいたため、「やはり、今度こそ、両者は会うのでは」とわれわれ教皇外遊同行記者団は色めき立ったが、このときも教皇は「会わなかった」と述べている。

また外交儀礼上のプロトコルという点から言えば、教皇はバチカンの元首であるため、当時の日本側のカウンターパートといえば天皇ということになるし、逆に外務大臣である松岡側からすると、カウンターパートは、バチカンの外交を管轄する国務省トップの国務長官マリオーネ、あるいは国務省外務局の外務局長（外務大臣に相当）だったはずだ。

会談時間の一時間も、ピウス一二世時代の相場感はよくわからないが、たとえば現ローマ教皇フランシスコが二〇一七年にアメリカ大統領のドナルド・トランプとバチカンで初会談した際の所要時間は約三〇分だった。ともかく、松岡洋右とピウス一二世の会談時間が短くなかったことは確かだ。

そして、機密文書を読み進めていき、私の目は次の一文に釘付《くぎづ》けになった。

「彼（松岡）はローマ教皇に対して熱心に、きわめて内密な自分の考えを伝えた。そして、同じ内容を、国務長官閣下にも打ち明けたいと述べた」

きわめて内密な考えとは何か……。

全訳「機密文書」

以下は一気に、この機密文書の要約を記していこうと思う。誤訳も含まれているかもしれないが、重要な点は外していないのではないかと考えている。

枢機卿《すうききょう》（マリオーネ）は、それに対して喜んで（松岡の考えを）聞くと述べました。閣下（松岡）はそれから続けて、現在の紛争（日中戦争などのこと）によって、世界は危険にさらされていると言及しました。その危険とは現代文明の破壊であると。そして、その危険は新しい世代の宗教的感覚が減じていることから来ているとも述べました。枢機卿（マリオーネ）も同感であると応じました。

大臣（松岡のこと）はそれから、彼の三〇年間におよぶ個人的な経験と自身が見てきたものに言及しました。**Manchuria**（満州のことだと思われる）における探索や開発を担う会社（南満州鉄道）のトップ（満鉄総裁を指すのだろう）としてや、日本の閣僚としての経験についてです。これらについて、彼（松岡）は、アメリカでもよく知られ、高く評価されている日本の有名なCogo（人物名か？　古語を引用したという意味か？）を通して表明し、偉大な宗教指導者であれば、あるいは少なくとも、主要な宗教当局の努力が結集されるならば、現在のこの世界の状況を改善できると語りました。前述の通りの三〇年間を経た後、世界の状況について瞑想や祈りをささげるため、また書物を読むことに時間を費やすため、山の別荘で過ごす隠匿生活を送っていました。そして、その三年後に、彼（松岡）が、政府を率いるよう説得した相手であるPrincipe Conoye（このとき首相を務めていた近衛文麿のことだろう）から呼び出され、日本の外務大臣を務めるよう要請されたのです。そのような役割の中で、世界における困難な状況を解決する方法を、彼（松岡）は真剣に研究してきました。この困難な状況は、双方の戦争当事者が保有する、致命的で破壊的な兵器を認識する中で、現在の文明が破壊されるのではないかとのきわめて大きな恐怖が臨界点に達しているのです。戦争に勝つためには、双方が（致命的な兵器を使用するという）極端な手段に訴えることにためらいを持たないからです。

そのような悪魔のような結果を回避するためには、アメリカが戦争に参加することを防ぐ必要がある。日本に対するアメリカの挑発行為が許されれば、それを通して日中戦争へのアメリカの参戦が誘発されることになる。紛争が広がることを防ぐことがとても有益なことでしょう。

枢機卿（国務長官マリオーネ）ははじめに、平和が損なわれるのを防ぎ、後に平和が取り戻されるために、バチカンがこれまでに尽力してきたことは誰もが知っていると述べました。そして、同じバチカンは、世界情勢が望ましい方向に進むために、目の前に現れるあらゆる可能性を逃さないための準備を続けているとも付け加えました。

そのあとで、現在の状況で、最善の方法とは何になるでしょうかとお尋ねになりました。

大臣（松岡）は、日本との合意に達するように（中国国民政府を率いる）蔣介石《しょうかいせき》を仕向けるように、アメリカ大統領ルーズベルトがその高い権威を使って介入するよう（バチカンが）説得してくれるなら、それは非常によいことであるとお答えになりました。枢機卿（マリオーネ）はこの時点で、そのような（松岡が）望んでいる行動が取られた場合、（日独伊などの）枢軸国はどのような受け止めをすることになるかを知りたがりました。

大臣（松岡）は、私が知る限りでは、それらの政権は喜ぶだろうと答えました。大臣は（英語で）「They would be glad」（彼らは喜ぶだろう）との表現を使いました。

大臣（松岡）は、この状況における〝悲劇〟「tre（the の誤記か）tragedy of the situation（と英語で書かれている）」とは、イギリスと、とくにアメリカが、極東で起きていることを正確に把握していないことだと続けて述べました。日本はそこ（極東）で、中国や中国の人々と戦っているのではなく、国家をソビエト化したいと考えている共産主義者と戦っているだけなのだと主張しました。彼（松岡）の政府（日本のこと）は、中国での問題を終結させるために最善を望み、努力しているのです。

松岡氏は再びルーズベルトについて語り、アメリカで大統領は最も偉大なギャンブラーだと言われていると述べました（英語で the greatest gambler と書いてある）。それからこう付け加えました。彼の人生にとって最大の好機が訪れようとしていると。ルーズベルトは日本を信用するべきだし、蔣介石に向かって日本を理解するように説得するべきだということを言ったのです。極東における平和を取り戻すためにはルーズベルトのたったひとことがあれば十分である。しかし、もしそのひとことがなければ、お互いを破滅させる戦争が起き、それを見ているソ連が最終的に他者の廃墟《はいきょ》の中から利益を得ることになるだろうと松岡氏は言いました。

マリオーネ閣下は、一般的にも、とくに極東においても平和を尊ぶ日本の善なる態度を評価すると述べて、それはバチカンの考えていることともぴったり一致すると言われました。そして、日本が望む方向で、バチカンに何かできるならば喜ばしいことであるとも述べました。しかしながら、アメリカはあらゆる軍事的な手段を使ってイギリスを支援すると決めてしまっており、極東で起きていることと、ヨーロッパで起きている干渉とを切り離すのは難しいという事実が横たわっているとも表明しました。このためマリオーネ閣下は松岡大臣に、とくに枢軸国側の観点から見て、バチカンはこの問題にどのように取り組むことができるかを示せるかと訊《たず》ねました。

この質問に対して、松岡大臣は答えず、すでに述べたようなことを繰り返しました。それは世界の恒久的な平和を回復するための最初の一歩は、アジアにおける平和を取り戻すことだということです。そして、この重大な問題を解く鍵はルーズベルトが握っており、戦争が世界規模のものになるかどうかは、彼の手にかかっているということです。そして日本が三国同盟を結んだ目的は、アメリカの参戦を阻止することだけだったとも述べました。

マリオーネ閣下はそのとき、一般的に言ってアメリカのカトリック教徒は主戦論者ではなく、アメリカ政府がイギリスを支援しようとして国民投票をした際も、多くは政府を熱心に支持しなかったという事実を、松岡大臣に強調しました。過去において、バチカンとアメリカはそれぞれに平和を求める行動を取ってきたが、残念ながら、衝突の広がりを防ぐというそれらの努力はヨーロッパ、とくにイタリアでは実を結ばなかったとも述べました。マリオーネ閣下は、どのようにしたらバチカンによる行動が有効なものとなるのかわからないが、バチカンとしては、平和を実現させるために世界情勢の推移を注視し続けると松岡大臣に言いました。

松岡大臣は、たとえルーズベルト大統領への説得が成功しなかったとしても、中国との間に一カ月のうちに和平を結ぶことを望んでいるとして、極東での平和を取り戻すために尽力する意向をあらためて表明しました。
マリオーネ枢機卿は、会談の内容を次のように要約しました。
一、（松岡）大臣閣下は、日本が中国との合意に達することを望んでいるとバチカンに伝えた。閣下は、現時点ではこれは最高機密として保持されなければならないと語った。閣下の言葉は「ささやき声であっても、これは漏らされるべきではないことだ」というものだった。
二、（松岡）大臣閣下は、アメリカ大統領だけが、平和を取り戻すために実効的な貢献ができると考えていた。マリオーネ国務長官は、ルーズベルト氏はそうした観点から多くのことができると述べ、（松岡）大臣閣下の考えに同調した。
三、バチカンは、そういった努力が結実する可能性があるならば、平和のために進んで全力を尽くすと述べた。（松岡）大臣閣下は、この保証に満足したと表明した。マリオーネ国務長官は、（松岡）大臣閣下がいることを奇貨として、彼に二つのお願いごとをした。

これがバチカンのナンバー2、マリオーネ国務長官と、時の日本の外務大臣、松岡洋右との会談の記録をまとめた文書に書かれていたことだった。意味がわかりづらいところを含めて、ほぼ全文を訳したため、だいぶ読みにくくなってしまったかもしれない（最後に出てくる「彼に二つのお願いごとをした」という記述もよくわからない）。

しかし、この文書を読んでみて、意味がわかるところをつなげるだけで、私にとっては十分な情報となった。これまでに各種の関連史料を読み、専門家に話を聞いてきたことで、ここに書かれていることが、世の中に知られていなかった史実を指し示していることが理解できたからだ。

日米不戦の意志

この史料に出会ったとき、私は参考にウィキペディアの「松岡洋右」の項目を読んだのだが、当然ながら、この「外交文書」に書かれていたことの記述はなかった。しかし、その後、しばらくたってから、私が再びウィキペディアをのぞいてみると、「松岡洋右」の項目には結構な量の書き加えがなされていた。

そして、その追加記載の根拠となった引用元の情報として、私が執筆した共同通信社記事のことがウィキペディアには明示されていた。誰がこの記述をしたのかはわからないが、私はうれしかった。「歴史の教科書を書き換えるほどの大発見」をしたと言えるかどうかまではわからないが、「ウィキペディアを書き換える発見をしたことはあります」とは言えるようになったと思ったからだ。

その「ウィキペディアを書き換えた」記事は以下のものだ。「本記」と言われる基幹原稿に加え、松岡とローマ教皇ピウス一二世との会談内容の要旨、服部聡の談話、解説的な記事をまとめたものを紹介したい。

〈本記〉

◎ローマ教皇へ対米仲介要請　松岡外相、太平洋戦争前に　ぎりぎりまで回避模索　バチカン公文書で判明

【ローマ共同＝津村一史】日本が太平洋戦争に踏み切った一九四一年の直前期に、当時の松岡洋右外相がローマ教皇ピウス一二世と会い、対米開戦回避に向けた仲介を要請していたことが一二日までに、教皇庁（バチカン）公文書からわかった。面会時の内容の詳細はこれまで知られておらず、専門家は「戦争回避を試みた松岡の必死の努力がわかる興味深い史料だ」と指摘している。

日本は三七年に日中戦争を開始し、中国を支援する米国との対立が深刻化。軍部を中心に強硬論が台頭する中、対米開戦を避けるため、バチカンを通した働きかけが、ぎりぎりまで模索されていた実態が浮かんだ。

松岡は四一年四月二日、バチカンでピウス一二世とナンバー2のマリオーネ国務長官（首相に相当）と相次いで面会した。文書は、バチカン国務省が作成した松岡とマリオーネの会談内容をまとめた八ページの記録。

文書によると、松岡はピウス一二世に「きわめて内密な私的見解」を述べた。「戦争が世界規模になるかどうか」はルーズベルト米大統領が鍵を握っているとして、米国が参戦しないようバチカンに説得を要請した。

ルーズベルトの出方次第では、日米相互に破滅をもたらす戦争が起きるとも強調。米国は日本を信用し、中国国民政府を率いる蔣介石に働きかけるべきだと主張した。「最高機密だ」とした上で、日本は中国との停戦を望んでいると述べ、自ら成立させた日独伊三国同盟は米国の参戦を阻止するのが唯一の目的だとの持論も展開した。

ピウス一二世がどのような回答をしたかは不明だが、マリオーネは「教皇庁は平和のためにできることはすべて行う」と返答した。四一年一二月、旧日本軍は米ハワイの真珠湾の米軍基地を奇襲攻撃し、太平洋戦争が始まった。（了）

◎会談要旨

松岡洋右外相とバチカンのマリオーネ国務長官との会談記録要旨は次の通り。

一、松岡は教皇ピウス一二世と長時間会談できたことに深い喜びを表明。

一、松岡は教皇にきわめて内密な私的見解を伝え、マリオーネにも同様の考えを述べた。

一、松岡は現在の戦争（日中戦争）に言及し、事態の悪化を防ぐには米国の参戦を回避しなければならないと主張した。

一、マリオーネはバチカンは何をするべきか尋ね、松岡はルーズベルト米大統領を説得するべきだと答えた。

一、松岡はルーズベルトは日本を信用し、（中国国民政府を率いる）蔣介石を説得するべきだと主張。極東の平和に向けたルーズベルトの一言がなければ相互が破滅する戦争になると述べた。

一、松岡は戦争が世界規模になるかどうかはルーズベルトが鍵を握っており、日独伊三国同盟は米国の参戦阻止が唯一の目的だと主張した。

一、松岡は日本は中国との（停戦）合意を望んでいるとし、これは最高機密のため決して漏らさないようにと述べた。

一、マリオーネは、教皇庁は平和のためにできることはすべて行うと返答した。

◎日米戦争回避へ必死さ示す　服部聡氏

『松岡洋右と日米開戦』著者の服部聡氏の話　日本の南進政策の破綻《はたん》を悟った松岡洋右は、一九四〇年一二月ごろから米国との妥協を模索するようになった。当時の米大統領ルーズベルトにつながるルートを持っていたカトリック宣教会メリノール会関係者と接触した経験もきっかけにして、バチカン（ローマ教皇庁）に仲介を要請しようと考えたとしても不思議はない。

文書は、あらゆるチャンネルを通じて対米戦争回避を試みた松岡の必死さを浮き彫りにする史料と言える。情報戦としての広報外交を重視する松岡は、ポリティカルな教皇として知られたピウス一二世を通じて日米不戦の意思を米英側に示そうとしたのだろう。現代の世界でも紛争解決のための助力を教皇に求める政治家が見られるが、松岡は、その先駆けであったとも言えるかもしれない。

〈解説〉

◎「不偏」の独自影響力期待　カトリック頂点に直談判

【ローマ共同】太平洋戦争の直前期に、当時の松岡洋右外相がローマ教皇に日米戦争回避に向けた仲介を直接要請していたことが教皇庁（バチカン）の公文書から判明した。松岡が直談判したのは「不偏」を掲げる主権国家バチカンの元首としてだけでなく、世界中に信者を持つキリスト教カトリックの頂点に立つ宗教指導者としても教皇が国際社会に強い影響力を持っていたからだ。

松岡は教皇ピウス一二世との面会に先立つ一九四一年一月、東京で駐日ローマ教皇使節（現在の大使に相当）のマレラ大司教を呼び「バチカンには米国が世界中を荒廃させる戦争を拡大するのを何としてでも止める義務がある」と力説し、日本には先制攻撃する意図は決してないと強調した。

マレラはこの会談を受け、松岡がバチカンの「きわめて強い影響力を利用しようとしていることに疑いはない」と分析し、ピウス一二世に報告した。

バチカン公文書からは、四二年の国交樹立の前にもかかわらず松岡がバチカンに橋渡し役として多大な期待を寄せ、ピウス一二世との会談に向け入念な準備を進めたことがうかがえる。

第二次大戦中にバチカンに駐在した外交官、金山政英《かなやままさひで》の回顧録によると、昭和天皇は太平洋戦争の開戦約二カ月前に、戦争になった際の和平工作を進めるためバチカンと国交を結ぶ準備をするよう木戸幸一《きどこういち》内大臣に指示したとされる。バチカンへの働きかけは松岡の独断ではなかった可能性が高い。

この解説記事にも書いたように、昭和天皇が、太平洋戦争が始まる二カ月前に、和平工作のためバチカンと国交を結ぼうと当時の内大臣に指示したのは、金山政英の回顧録にはっきり書かれていることからも事実と考えていいように思う。また前述のように、松岡洋右が初代の駐バチカン日本公使としてその名前が取り沙汰されたことがあったというのも無関係とは思えない。昭和天皇にきわめて近い立場にあった原田健が実際の初代駐バチカン日本公使として赴任したことも併せて考えると、昭和天皇が何を考えていたかはもはや明白だろうと思う。

日本の元首だった昭和天皇と、バチカンの元首であるローマ教皇ピウス一二世の間に、破滅的な結末を回避するための意志のつながりがあったことは間違いないと、私はこれまでの取材を通して確信している。

まだまだ歴史の表舞台に出ずに埋もれている事実は多いのだろうが、その一端だけでも、バチカン機密文書の発掘によって明らかにできたのだとしたら、こんなにうれしいことはない。

「一つの和平工作」の頓挫

本章をここまで書いてから何日かたったころ、自宅の部屋に広げて散乱させた史料のうち（筆者は片付けや整理整頓というものがものすごく苦手である）、一枚紙のものを何気なく手に取ると、そこにとても重要な内容が書かれていることに気づいた。

それは、ローマ教皇に次ぐバチカンのナンバー2である国務長官ルイジ・マリオーネが、一九三九年一〇月九日にワシントンの駐米ローマ教皇使節団に出した暗号文を訳したものであった。一九三九年一〇月といえば、日中戦争が始まって二年あまりがたったころだ。日本の外務大臣、松岡洋右がローマ教皇ピウス一二世に直談判し、日中戦争を終わらせることを実は日本は望んでいると極秘裏に打ち明け、アメリカ大統領ルーズベルトに動いてもらうためにバチカンのほうから働きかけてくれと要請した一九四一年四月からは、一年半ほど前の時期ということになる。

この私が手に取った一枚紙にはバチカン国務長官ルイジ・マリオーネの言葉として次のようなことが書かれていた。宛先《あてさき》は駐米ローマ教皇使節団。当然ながらアメリカ大統領ルーズベルトにつながるチャンネルを持っている者たちだ。

「信頼できる情報源より、中国の首脳陣が日本との間の和平を実現するため、ローマ教皇庁の行動を望んでいるとの知らせがあった。この情報源は『中国と日本の和平条約は協調的な関係のもとに締結されるべきであり、敵方の名誉を守るべきだ』と主張している。この和平には勝者も敗者もないだろう。アメリカ合衆国による（和平）仲介の取り組みをローマ教皇庁が支持し、後押しすることが熱烈に歓迎されているとも指摘している。したがって、ルーズベルト大統領閣下にこれらのことを説明し、バチカンは和平実現に向けて貢献するための用意がいつでもできており、進んで尽力すると伝えてください」

なんと、松岡のバチカン訪問の一年半前に、すでにローマ教皇庁のナンバー2、国務長官のマリオーネはアメリカ大統領ルーズベルトへの働きかけを行っていたのだ。このことをバチカン元首であるローマ教皇ピウス一二世があずかり知らなかったはずはない。これを踏まえても、松岡の直談判の後、バチカン側からアメリカへのあらためての和平仲介の打診があったと考えるのが自然だろう。

さらに私は、本書の校正作業をしているさなか、短文が記された二つの文書を、大量の紙束で散乱する自宅で〝発見〟した。その一つには「暗号」とのタイトルが付されていた。日付は、バチカン国務長官マリオーネがワシントンの駐米ローマ教皇使節団にメッセージを送った一カ月あまり後の一九三九年一一月一五日となっている。差し出し人はやはり国務長官のマリオーネだ。宛先はバチカンの実質的な日本大使と言える、駐日ローマ教皇庁教皇使節パウロ・マレラで、そこにはこう記されていた。

「そちらの政府（日本のこと）が、日中戦争を解決するためにアメリカの仲介を望んでいるかどうか、あなた自身で秘密裏に探るようお願いする。中国政府側はアメリカの仲介を受け入れる意向であると信じるに足る根拠がこちらにはある」

驚きで私はしばし呆然《ぼうぜん》としてしまった。

時期的に見て、バチカンからのメッセージを受け取ったアメリカ大統領ルーズベルトが和平仲介の前段として、日本側の意向を教皇庁に尋ねてきたのは間違いない。それを受け、バチカン国務長官マリオーネが自ら動いたということだ。

これまでにさまざまなバチカン機密文書の発掘を繰り返してきたが、ここまではっきりとバチカンによる直接的な仲介の動きを記した〝証拠〟はなかったように思う。整理整頓が下手な私が部屋の床に置きっぱなしにしていたこれらの紙を、本書が出版される前に見つけられたことを何者かに感謝したい。

バチカンのローマ教皇に次ぐ実力者であり、首相に相当する国務長官のマリオーネが、日中戦争終結のため、アメリカの仲介を日本政府が望むかどうか探るよう、マレラに指示していた。

そして、もう一枚の紙には、その一週間後の一九三九年一一月二二日の日付で、マレラからの返信がこう記されていた。

「この政府（日本）は、少なくとも今のところ、いかなる仲介も受け入れない。日本は今、中国とは（和平）交渉をしない決定をした」

つまり、日中戦争の終結を中国側は望み、アメリカを動かす用意がバチカンにはあると伝えたにもかかわらず、日本側にその気がまったくなかったために、一つの和平工作が頓《とん》挫《ざ》したことがはっきり示されていた。

マレラの返答にある「少なくとも今のところ」という言葉の通り、この一年四カ月ほど後には、日本の外務大臣、松岡洋右がバチカンを訪問し、ローマ教皇ピウス一二世に「日中戦争を終わらせるため、アメリカが仲介に動くようバチカンに仲立ちしてほしい」と懇願することになるのだが……。

「もし」と真摯に向き合えば

結果論になるが、松岡のバチカン訪問は遅きに失したということだろうか。もしもこの一九三九年の時点で、日本側にも交渉に応じる意向が少しでもあれば、その後の歴史はどうなっていたのだろう。

日中戦争を和平という形で終わらすことができず、日本が真珠湾攻撃に踏み切り、アメリカとの破滅的な戦争に突入していったのは周知の事実である。その末に起きたことは、広島と長崎への原爆投下だ。

日中や日米間の争いを収めるため、バチカンが仲介の動きを取ったにもかかわらず、それがうまくいかなかったのはなぜだろうか。機密文書館にはまだまだ歴史の「なぜ」に答えてくれる史料が多く眠っているのだろう。それらを見つけ出し、過去の出来事の一つ一つの「もし」と真摯《しんし》に向き合うことが、平和で建設的な未来をつくることにつながるのかもしれない。

ウクライナやガザで今日も、無辜《むこ》の人々が殺される戦争が続いていることを思い、そんなことを考えた。

次章では、この本でテーマとしてきた太平洋戦争からは少し離れて、私がバチカン機密文書から読み解いた日本関係の話をいくつか紹介したい。それこそ、従来の歴史認識を書き換える大発見だと興奮したものもあるのだが、共同通信から記事配信しようとしたところ「ちょっとマニアックすぎるんじゃない？」と一蹴《いっしゅう》され、新聞紙面に載せることはかなわなかった。そんなこんなも含めて、本書を手に取ってくださったみなさんにはぜひ読んでいただきたい。

第六章
「バチカンは満州国を承認した」は本当か

国交を結んだことがない国

「中国に行く用意はいつでもできている」――。

現ローマ教皇フランシスコは二〇二二年九月一三日、外遊先のカザフスタンに向かうイタリア国営航空ＩＴＡエアウェイズの教皇特別機の中で、無邪気そうな笑顔を見せながら、記者団に向かってこのように述べた。私もこの記者団の一員として飛行機の中に乗っていて、教皇のいつもの〝親中国〟的な発言を聞いていた。

ローマ教皇フランシスコは、世界中の虐《しいた》げられている人々に思いをいたし、人権問題に取り組んでいる。気さくな態度を保ち、歴代教皇が過ごしたバチカンの豪華な住居ではなく、ほかの聖職者らと一緒に質素な集合住宅（サンマルタ宿舎）で暮らすフランシスコは、貧しい人々からの人気も絶大だ。教皇就任前の祖国アルゼンチンにいたころは、貧富の差が激しい地域で社会活動に尽力したことでも知られる。

そんな教皇フランシスコが、なぜ現在も苛烈《かれつ》な迫害を受け続けている中国のキリスト教徒には一切の思いを馳《は》せようとしないのか。私には不思議でならない。無神論を掲げる中国共産党政権が、キリスト教会への弾圧や監視を強めているのは疑いようのない事実だが、教皇フランシスコは「中国では宗教の自由が保障されている」と発言するだけでなく、中国のことを「大好き」と述べたことまである。

二〇一八年九月二二日には、キリスト教カトリックの総本山であるバチカンは、国交のない中国との間に、ある暫定合意を結んでもいる。それは中国国内でカトリックの司教を任命する際に関しての取り決めであった。合意内容の詳細は公式には明らかにされていないが、関係者への取材を進めると、その中身はバチカン側が中国共産党に大幅な譲歩をして、実質的に中国政府が勝手に司教を任命できるものとなっているという実情が浮かび上がってきた。ローマ教皇庁は、本来相容《あいい》れないはずの無神論の中国共産党に大きく歩み寄りの姿勢を示したことになるのだ。

その最終決断を下したのは言うまでもなく、ローマ教皇庁とバチカンの頂点に立つローマ教皇フランシスコである。中国政府への歩み寄りの態度を示し続ける教皇に対して、中国のキリスト教徒たちが「われわれは見捨てられた」と感じるのは当たり前であるし、バチカンと国交を持つ台湾が切り捨てられるのではないかと懸念を高めるのも当然だろう。

さらっと書いてしまったが、バチカンは中華人民共和国と国交を結んでいない。日本の全国紙を読んでいると、バチカンと中華人民共和国の間にはかつては国交があったと受け取れるような記事も散見されるが、明白な間違いである。バチカンと中華人民共和国が国交を樹立したことはこれまでに一度もない。昔も今もバチカンが外交関係を樹立しているのは中華民国、つまり台湾だ。

中国によって国際社会から孤立させられようとしている台湾にとって、バチカンはヨーロッパで国交を結んでいる唯一の国。カトリックの総本山であり、宗教国家として独自の存在感を示し続けてきたバチカンとの関係を維持していることは、台湾にとってとてつもなく意味が大きい。バチカンと中国が司教任命権をめぐる暫定合意に達した際には、敬虔《けいけん》なカトリック信者でもある台湾副総統の陳建仁《ちんけんじん》が総統特使としてバチカンを訪問し、ローマ教皇フランシスコに台湾を初めて訪問するよう要請もしている。バチカンと台湾はこれからも揺るぎない関係を維持していくということを教皇に行動で示してほしいと思ったからだ。

しかし、これに対して、バチカン報道官はただちに「そのような訪問は計画されていない」とする冷淡な声明をわざわざ発出している。教皇フランシスコはこれまでに「北京に行きたい。中国が大好きだ」と述べたこともあり、バチカンが歩み寄りを図る中国に配慮を示したのは明らかだった。これではバチカンが国交を結んでいるのは台湾と中国のどちらなのか、わかったものではない。

ここでバチカンと中国、台湾の関係について書いたのは、これから述べるバチカン機密文書に記載されていた内容と深い関係があるからだ。

上海からバチカンへのテレグラム

この章の冒頭で紹介したように、現ローマ教皇フランシスコが「中国に行く用意はいつでもできている」とカザフスタンに向かう機中で発言した二〇二二年九月一三日に、私はバチカンと中国に関するある記事を共同通信から配信した。このときのカザフスタンには中国の国家主席、習近平《しゅうきんぺい》が滞在していたことからも、教皇のこの発言には何か特別な意味が込められているように私には感じられた。

私がその日に配信したバチカンと中国に関する記事は現在の両国関係についてのものではない。その原稿が描いたのは、記事配信日の二〇二二年九月一三日からさかのぼること七〇年前の、一九五二年当時の両国関係についてのものだった。

その一連の記事の基幹原稿である「本記」の見出しは、

「中国成立直後の崩壊予測　バチカン、外交樹立せず　台湾優先、一九五二年機密文書」

これだった。

このときは新聞の一面や国際面、総合面への掲載を想定して、大量の原稿を配信したのだが、そこにたどり着くためには、膨大な量のバチカン機密文書を読み解かなければならなかった。

史料の中心となったのは、中華民国にローマ教皇公使として派遣されていた大司教アントニオ・リベリが一九五二年七月二二日付でバチカン高官に宛《あ》てて出した一二ページにわたる報告書だった。

文書のタイトルは「フォルモサとの外交関係再開」となっており、イタリア語の活字で書かれている。

「フォルモサ」とは台湾のことを指す。ちなみに中華民国とは孫文《そんぶん》が指導した辛亥《しんがい》革命によって一九一二年に南京で成立した国のことである。孫文が創設した国民党は一九二八年に中国を統一したが、一九四九年に共産党との内戦に敗れて台湾に逃れた。現在も台湾の正式名称は「中華民国」であり、初代総統は国民党を率いた蔣介石《しょうかいせき》が務めた。総統とは最高指導者のことであり、国家元首に相当すると言っていいだろう。

共産党が建国した「中華人民共和国」は中国本土と台湾を不可分の領土とする「一つの中国」を主張している。一九四五年に発足した国際連合には当初、中国の支配政党だった国民党の中華民国が加盟していたが、一九七一年に中華人民共和国が「中国」の代表権を認められ、取って代わられている。ちなみに、中華民国がバチカンとの外交関係を樹立したのは一九四二年のことだった。

この中華民国のバチカン公使として南京《ナンキン》に派遣されたアントニオ・リベリが一九五二年

にバチカン本国へ送った報告書が入ったファイルには、ほかにもさまざまな史料が保管されていた。それらの中には、中国で二四年間にわたってキリスト教カトリックの布教活動をしていた湖南《こなん》省長沙《ちょうさ》市の大司教ペトロニウス・ラッキオが中華民国政府（つまり今の台湾政府）に宛てて出した九ページの書簡もあった（これは英語で印字されていた）。さらにはこの書簡に添付された資料だと思うのだが、ラッキオが書いた日記も見つけた（これはイタリア語の活字でタイプされており、一九五二年六月一日から七月一一日までの日々を振り返っている）。

ほかにもさまざまな種類の文書が同じファイルに大量に入っており、正直言って、これらすべての史料を詳細に読み込み、完全に分析することはできなかったと思う。それでも、現在の急接近を進めるバチカンと中国の関係を踏まえて見ると、とても興味深い内容がそれらの文書に書かれていたことがわかった。

では、この史料が描いた一九五二年という時代はどのようなものだったのか。

一九五二年の三年前には、世界史を語る上で欠かせない、ある一つの大きな出来事が起きている。中華人民共和国の建国である。併せて、この一九四九年は、中華民国の国民党政権が共産党との内戦に敗れて台湾に逃れていった年でもある。

共産党主席の毛沢東《もうたくとう》が一九四九年一〇月一日に建国宣言を行った中華人民共和国は、国家成立に際し、中国に拠点を置いていた各国政府公館に対して、国交を結ぶための呼びかけを行っていたことが別の機密文書には書かれていた。私が発掘したバチカン機密文書には、駐南京のバチカン中華民国公使アントニオ・リベリが一九四九年一〇月六日付で上海《シャンハイ》からバチカン本国に向けて出したテレグラムも含まれており、そこには、中華人民共和国という新政権が樹立されたことに伴い、「世界中の国々に建国した旨《むね》の通知と、外交関係を樹立しようという公式な通達が出されているが、われわれバチカンにはその知らせが送られてきていない」という趣旨の報告が、ラテン語の「機密」と書かれたタイトルとともに書かれていた（これはイタリア語で手書きされたものと、同じ内容が英語の活字で記載されたものと二種類があった）。

つまり新しく建国された中華人民共和国は国際社会の中で認められるため、世界中の国と国交を結ぼうとしていたが、バチカンに対しては外交関係を樹立しようという通達どころか、建国したことを知らせる通知すら出していなかったということを、このテレグラムは示している。

このような状況だったから、当然ながら、このとき、バチカンと中華人民共和国が国交を結ぶことはなかったし、その後も一度も外交関係を樹立したことはない。日本の誰もが知っている新聞社の記事には、「バチカンと中国が一九五一年に断交した」と書かれているものがあるが、これは明らかな間違いである。断交とは国家間の外交関係を断つことを意味すると思うが、両国には外交関係を断とうにもそもそも国交がなかったのである。さらには、その新聞社の記事には「バチカンは司教任命権をめぐって一九五一年に中国と断交」したと書かれているものもあった（その記事は削除されることもなく、今もインターネットで検索すると普通に読めるようになっている）。

そもそも神の存在を認めていない中国共産党がバチカン側に「司教の任命権を認めろ」という要求をするのはおかしく、少なくともこの当時に司教任命権をめぐって中国とバチカンが揉《も》めることはあり得ない。後述するが、それどころか、このころ、中国共産党は宗教者を次々と逮捕して虐殺していたのだ。どれだけ不見識なら、このようなデタラメな記事が書けるのかと、同業者ながら怒り心頭に発した私は、もしかすると、自分のほうが何かとんでもない勘違いをしているのかもと心配になった。

しかし日本のバチカン研究の第一人者に聞いてみたところ「あの記事は間違った情報満載ですね」と言っていたので、私の勘違いではないと思う。あの記事を書いた記者がこの本を読むことはないと思うが、業界全体の信用を保つためにも、しっかりした事実の記事を書いてほしいとお願いしたい。

なお、バチカンと中国の両国関係が司教任命権をめぐって悪化したのは二〇一〇年一一月のことで、中国政府公認の宗教団体がローマ教皇庁（バチカン）の承認なしに独自に選んだ司教の任命式を中国で実施してからのことだ。

バチカンは中国共産党をどう見たか

なぜ、この日本の誰もが知る新聞社が「バチカンは一九五一年に中国と断交」したと間違えた記事を出したのか。その間違いの元になったであろう出来事が、実は「一九五一年」には起きていた。

それは、前述の駐南京バチカン公使アントニオ・リベリが、中華人民共和国政府によって南京から追放されるという出来事だった。リベリは、共産党との内戦に敗れた国民党政権が一九四九年一二月に台湾に拠点を移した後も、南京にとどまっていたのだが、中国共産党政権はリベリを自宅軟禁し、さらに一九五一年になると、一方的な裁判にかけ、国外追放したのだ。

整理すると、リベリの報告書がバチカン本国に向けて出された一九五二年を前にした数年間の間には、「北京で共産党が中華人民共和国を建国（一九四九年一〇月）」→「中華民国の国民党政権が台湾に拠点を移動（一九四九年一二月）」→「駐南京バチカン公使のアントニオ・リベリが共産党政権によって中国を追放される（一九五一年）」という出来事が立て続けに起きていたということになる。

　ここで今回紹介するバチカン機密文書を見ていきたい。まずは駐南京バチカン公使だったアントニオ・リベリが南京から追放された後に滞在していた香港《ホンコン》から、一九五二年七月二二日付でバチカン本国に宛てて出した報告書である。イタリア語の活字で一二ページにわたるその文書は、一枚目の左上にバチカンの紋章があしらわれており、漢字で「教廷駐華公使館」との記載がある。文書のタイトルは「フォルモサ（中華民国のことを指す）との外交関係再開」である。

　タイトルからわかる通り、これはアントニオ・リベリがバチカン本国に対して、一度は希薄となってしまった中華民国との外交関係を結び直すべき時が来たと進言する内容となっている。この報告書の宛先《あてさき》はバチカン国務省の国務長官代理を務めていたドメニコ・タルディーニだ。当時、国務省トップでバチカンのナンバー2である国務長官は空席となっていたことから、事実上の国務省トップのひとりを務めていた人物と言える。

　文書にはその時代の国際情勢に関することが種々記載されているほか、台湾で中華民国総統の蔣介石と面会した大司教ラッキオのことが書かれていた。話が多岐に及んでいるので、ここではその要旨を箇条書きにしてみたい。それは以下のような内容だった。

・中国共産党政権に対する国民の憎しみが積み重なっており、弱点や欠陥が露呈すれば、予想されているよりはるかに早くすべてが崩壊するのは確実だ。
・中国共産党は各国の代表団に対して、北京での政権樹立を通知したが、バチカン公使館のことはあからさまに無視した。
・バチカンと中華民国との外交関係は中断しているものの断絶はしていない。両国関係は正常化の機会があるだろう。
・中華民国の台湾での主権を認める日本と中華民国による日華平和条約が締結された（この条約は一九五二年四月に署名されている）。
・中国とソ連は親密な関係にある。
・神父らを台湾に派遣し、中華民国総統の蔣介石に面会させた。中華民国はバチカン公使館を台北《たいほく》に移転させることを望んでいる。
・私（アントニオ・リベリのこと）は共産党政権から南京を追放されて一年がたつが、（台湾に移る前に）一定期間、香港にとどまる慎重さが必要だった。
・中華民国はいずれ大陸に戻るだろう。
・中国大陸では一九五一年、メディアによるカトリック教徒への暴力的で執拗なキャンペーンが繰り広げられた。

・中国大陸では宣教師の追放や投獄が続いている。

以上のような記述から、私はバチカンが、中華人民共和国が建国されてからわずか三年しかたっていなかった時点で、共産党政権が早晩崩壊するだろうと予測していたとの原稿をまとめた。

共産党が民衆の支持を得られておらず、国民の「憎しみが積み重なって」いることから、政権にひとたび亀裂や欠陥が生じれば、たちまち瓦解《がかい》するだろうとの見方をしていたこともあり、バチカンは中華人民共和国を国家承認することなく、もともとつながりのあった中華民国（台湾）との外交関係を再開させ、「中国唯一の政府」とみなすことを決定したのだ。

バチカンは現在、ヨーロッパで唯一、台湾と外交関係を持つ国であり、中華人民共和国との間には国交はない。バチカンが七〇年前に中国より台湾を優先するとの判断に至った背景が鮮明になったと言えると思う。

中華民国は遅かれ早かれ、大陸に復権するだろうともリベリは予測していた。こうした分析に基づき、バチカンはリベリにそれまでの拠点だった香港から台湾に移るように命じ、リベリは駐台北の初代ローマ教皇公使を務めることになっている。

「画一的な統治構造」と表現

この文書に関し、私は中国の宗教政策に詳しい神戸市外国語大学准教授、上野《うえの》正弥《まさや》に解説をお願いした。上野は、報告書について、リベリが中国国内や世界の情勢を踏まえ、中華民国との国交再開の機が熟したと認識するようになっていった様子が読み取れる興味深い史料だと話してくれた。

上野によると、リベリは当初、共産党政権を過度に刺激すれば大陸にいるカトリック教徒がさらなる迫害を受けるおそれがあると考え、バチカン公使館の台北への移動には慎重だった。しかし、報告は一九五二年に締結された日華平和条約などにも言及しており、国際情勢の変化を受け、リベリが中華民国との国交再開を受け入れざるを得ない状況になってきたことを示しているという。

当時、ローマ教皇庁（バチカン）高官たちの間では、中華民国との国交再開をめぐって意見対立があったとされることから、中国との関係をめぐってはローマ教皇庁内部に今も昔も意見の対立があるという点も興味深いと上野は解説してくれた。確かに現在のバチカンのナンバー2である国務長官ピエトロ・パロリンが中国との歩み寄りを積極的に進め、司教任命問題をめぐる合意締結を主導してきたのに対し、それを快く思わず、慎重に事を運ぶべきだと考える勢力がバチカン内部にいるのは事実である。こうしたことを踏まえ、上野は「バチカン公使館移転の顚末《てんまつ》は今日の中国バチカン関係を見る上でも示唆《しさ》を与えるものかもしれない」と述べている。

さらに私はもうひとりの専門家にも話を聞いた。近現代のバチカン研究において、日本で彼女の右に出る者はいないと私が考えている、日本大学教授の松本佐保《まつもとさほ》だ。彼女が着目したのは、報告書が、中国共産党政権に対する憎しみが積み重なっているとの記述に加え、恐怖による統治の脆弱《ぜいじゃく》性も指摘していることだった。現在のロシア大統領プーチンによる独裁政権とも共通する部分ということもあり興味深いという。

松本は、リベリの報告書が、共産主義体制を「画一的な統治構造」と表現している点も興味深いとして、キリスト教的と言える多元論的な統治をバチカンが誇っていることが読み取れると解説してくれた。カトリックの概念で画一的（一元論）と真逆の意味を持つ「多元論的な統治」は、戦後に西ヨーロッパで確立されたキリスト教民主主義と通じるものがあるという。

その意味で、バチカンが中国やソ連を許容してこなかったのは、共産主義が無神論で財産の私有権を認めないからではなく、そもそも「一元論 VS 多元論」というように政治構造や社会構造そのものが相容れないからだという見方ができるというのだ。

松本は、リベリが朝鮮戦争など当時の国際情勢や時代背景に詳しく言及している点も重要だと指摘。報告書は一九五二年のものだが、リベリの拠点だった香港の宗主国であるイギリスは一九五〇年に西側諸国で初めて中華人民共和国を国家承認しており、イギリスや、朝鮮戦争に介入したアメリカの動向をバチカンが注視していたこともわかるという。

上野、松本の両専門家による解説を聞き、この文書がさまざまな情報を含んだ非常に興味深いものだとわかったが、私がそれ以上に関心を持ったのは、この文書に添付されていた大司教ペトロニウス・ラッキオによる中華民国政府に宛てた九ページにわたる書簡だった。

「最悪の迫害が行われている」

先述したようにラッキオは中国の湖南省長沙市で二四年もの間、布教活動してきた人物だ。書簡の中で彼は、中国共産党によってどのような迫害をされてきたかを詳述していた。共産党政権がこのころ中国で、外国人、とくに聖職者を拘束して追い出す「反帝運動」を繰り広げていたことは知られている。中国社会では一九五〇年末から「反革命鎮圧運動」という政治運動の名目のもとに弾圧が行われていて、二六〇〇万人あまりが逮捕され、七一万二〇〇〇人が処刑されたのだという。

共産党政権はまず、「中国の全人口の〇・一パーセントを処刑する（殺害する）」ということを目標に定めた上で、それに合わせて国民党のスパイ（特務）や、宗教結社のリーダー格の人物などについて「反革命」の罪状を〝見つけて〟処刑（殺害）していったというから驚きだ。「目標」といった生やさしいものでもなく、「全人口の〇・一パーセントを処刑する」ことを中央政府で決議したというのだから、信じられない。

ラッキオの書簡は、それが実際にどのように行われていたかということを示した史料だと言えるのだと思う。

「中国では、ローマ・カトリック教会がこれまでに経験した中でも最悪の迫害が行われている」

その書簡の中では、中国共産党政権による弾圧がこのように描写されていた。その迫害とは、共産党による聖職者や信者らへの投獄、洗脳、虐殺である。

ラッキオはまず自分が二四年間にわたって湖南省長沙市のカトリック教会で活動してきたとしたためており、冒頭には「よき中国の人々と私の第二の祖国である中国のために」熱心に働いてきたということが書かれている。

しかし、「赤い解放運動（共産党）がやってきて」すべてが変わった。ラッキオは一一カ月を超える投獄生活を経て、国外追放処分となったのだという。中華民国政府の総統、蔣介石に向けた書簡の中でラッキオは、四億五〇〇〇万人の人々がいる中国本土で、ローマ・カトリック教会は苛烈な弾圧を受け「壊滅の危機に瀕《ひん》している」と訴えた。数百人、数千人の宣教師や信者たちが今も「赤い牢獄」に入れられており、おぞましい状況に置かれているという。

続く書簡の内容を要約すると以下のようなことだった。蔣介石を頼るため、共産党の〝悪行〟について誇張した部分はあるのかもしれないが、具体的な数字や描写が多く、当時の中国本土で何が起きていたかを生々しく伝える貴重な一次資料であるように思える。自身も拘束されたラッキオがその体験をつづっているからだ。例によって取材でわかった内容をカッコ内で補足したい。

共産党はソビエトの支援を受けながら、中国の人々を完全に奴隷にしました。数百万人が飢餓に陥り、ホームレスとなりました。「経済の革新」という名のもとに人々は虐げられているのです。高齢者や、役に立たないとみなされた人は処刑され、若い世代には絶え間ない洗脳を行い、無慈悲な方法で心を破壊していっています。世界最悪の独裁を強制するため、個人は物のように扱われ、これに耐えられず自殺する人もいます。影響を受けやすい若い人々は、うそのプロパガンダと偽りの愛国心によって惑わされ、物質主義的な共産主義のために簡単に犠牲になっているという重大な危機にあります。

カトリック教会は、巨大な人口を持つ中国において、依然としてきわめて小さな存在です。しかし、教会は「共産主義のナンバー1の敵」という栄誉を与えられ、常にすさまじい暴力にさらされています。共産党は教会の力を恐れており、共産党とカトリックは共存できないと信じ込んでいるため、われわれを壊滅させたいのです。彼らが行っている迫害は、ローマ・カトリック教会が経験した最悪のものの一つです。すでに多くの聖職者と修道女、信者が処刑されるか投獄されました。「赤い政権」の残虐性は外部の人間には理解できません。共産党は、その計画の達成（全人口の〇・一パーセントを処刑するという計画のことか）のために、中国人と外国人のリーダーへの攻撃から開始しました。途切れないプロパガンダは至るところに広がっており、「反革命」（反革命鎮圧運動のことか）の名のもとに教会を糾弾しています。ほとんどすべての司祭と多くの宣教師が投獄されました。その中には中国を追放された二〇〇〇人を超える外国人も含まれています。ローマ教皇公使（駐南京バチカン公使だったアントニオ・リベリのことだろう）は自宅軟禁にされ、怒り狂ったプロパガンダにさらされた後、一方的な裁判にかけられ、国外追放されました。相当な数の宣教師がすでに処刑されるか、獄中で死亡したのです。いま現在も投獄されている司祭や聖職者、修道女は中国人が四〇〇人、外国人が一五〇人以上に及びます。リーダーたちがいなくなった後、共産党は抑圧やテロリズム、粛正によってきわめて容易にキリスト教徒たちを従属させていきました。信者たちの処刑は日々増えているのです！

私の個人的な体験を述べます。一九四九年八月（共産党が中華人民共和国を建国する二カ月前）、共産主義者たちがわれわれの教区に侵入してきました。私とすべての聖職者や修道女らは、数カ月間は神に仕える仕事を続けました。一九四九年一〇月（共産党が中国を建国した月）になると、共産党は教会に対するキャンペーンを開始し、われわれの動きを制限し、自宅に閉じ込めました。そして、一九五一年四月二七日の夜、私は容赦ない方法によって逮捕され、ただちに投獄されるため〝人民裁判〟にかけられました。私に前後して、ほかの神父やシスターたちも投獄されました。

私は肉体的に非常に苦しみました。命をつなぐためにぎりぎり必要な少量の野菜だけを与えられ、数週間たつと、体はとても弱り、精神を病みました。私の危険な病気は六カ月間続き、私と一緒に投獄されていた囚人たちは日々亡くなっていきました。

共産主義者は、悪魔のようなやり方で偽りの罪をでっちあげ、誹謗中傷し、裁判を行い、神父やシスターらに死刑を言い渡していっています。私の独房の窓近くを、血だらけの剣と消音銃を持った死刑執行人がよく通り過ぎていくのが見えました。私は多くの〝犯罪〟を犯したとして糾弾され、それに基づいて長期間の禁錮刑か死刑判決を受けるおそれがありました。私は非常に長く、おびただしい、気力を奪うような取り調べと尋問を受け、私の人生、仕事、共産主義に対する態度や活動に関するすべてのことを書かせられました。しかし、私をもっと精神的に苦しめ、哀しい気持ちにさせたのは、カトリックの聖職者や信者たちが私に敵対するようになったとうその情報を言われたことでした。共産党はキリスト教徒たちが、私を「赤い政権」に対する危険なスパイであり、恐ろしい〝犯罪者〟だと証言したとして、死刑にしようとしました。共産主義者は私の精神と肉体を破壊しようとしたのです。一一カ月の投獄の末、私は殺人罪とスパイ罪、国家反逆罪などで、中国からの永久追放の判決を受けました。香港に到着してから、私が獄中で聞かされた話は真実とまったく異なるということを知りました。神父もシスターも信者たちも、誰も私に敵対などしていなかったのです。

私は香港でただちに病院に搬送され、長い期間治療を受けました。

この生々しい描写を読み、私は中国共産党政権によるキリスト教への弾圧はここまで苛烈なものだったのかと驚いた。しかも、これは単なる過去の出来事ではなく、いま現在の状況ともつながっている話である。共産党政権がキリスト教信者らへの厳しい取り締まりを続ける中、バチカンが中国への接近に突き進むのには疑問が残る。人口一四億人を超える中国で新たな信者を獲得するために、民主主義の優等生となった台湾を見切ると言うなら、バチカンの正義が問われるだろう。

バチカン機密文書によると、七〇年前、ラッキオが台湾で中華民国総統の蔣介石と面会し、中国本土での教会の惨状を訴えた際、蔣介石は共産党政権により大陸を追放されたカトリック教徒を「全員連れてきなさい」と歓迎する意向を示している。こうした経緯も忘れ、ローマ教皇フランシスコは中国との国交樹立への道を進み続けるのだろうか。

私はこのバチカンと中国関係に関する機密文書の報道をするに当たって、バチカンで外交を担う国務省外務局にコメントを求めたが、一切の回答を拒絶された。バチカン報道官のマッテオ・ブルーニも「このテーマについては何も答えない」と述べ、再三の要請を行ったにもかかわらず応じず、中国に忖度《そんたく》する姿勢を鮮明にした。

ローマ教皇フランシスコに近いバチカン当局者は、中国と台湾との三者の関係は「きわめて複雑かつ機微《きび》に触れる問題だ」と指摘し、どのようなメッセージを出しても「誰かを怒らせることになる」と述べ、配慮を隠さなかった。

七〇年前にバチカンが台湾を「中国唯一の政府」とみなし、外交関係継続を決めたのに対し、近年は台湾を切り捨てる可能性も指摘されていることに関しても聞いてみたが、当局者は「過去と現在では状況が大きく異なる」と言葉を濁すばかりであった。

日本にとっての意味

これから書くのは、先に述べたように、「マニアックすぎるから」といわれ配信されなかった原稿だ。個人的には、歴史を書き換える発見なのではないかと思ったのだが、私の力不足もあったのだろう。日本全国の新聞社の紙面を通して、この情報を伝えることはついぞできなかった。

テーマは「満州国」についてである。

大日本帝国陸軍の総軍の一つである関東軍が一九三一年に起こした満州事変を契機として、日本が占領した満州（現在の中国東北部）につくられた傀儡《かいらい》国家が満州国である。清朝の皇帝溥儀《ふぎ》を執政に据え、一九三二年三月一日に建国を宣言した。対外的には独立国と主張した上での満州国の成立である。

しかし、その後、一九三三年二月二四日に実施された国際連盟総会の投票において、満州国の独立国としての正当性は否定された。このときに日本政府の「全権」代表として出席していた松岡洋右《まつおかようすけ》が議場から退場し、日本の国際連盟脱退へとつながっていったことは、これまでの章でも述べた。

この満州国を、国家として最初に承認したのは日本である。満州国を傀儡国家として実質的に統治していたのは日本なので、これは当然のことだろう。これは満州事変について日本の軍事行動の正当性について調べたリットン調査団が報告書を公表するのを目前にした一九三二年九月一五日のことだった［写真⑯⑰］。

さて、ここからが本題なのだが、日本以外で、満州国を最初に国家承認した国はバチカンだと考えられている。

国立公文書館や外務省外交史料館から資料提供を受ける「アジア歴史資料センター」のホームページには、はっきりと「国際連盟総会で満洲国の正当性が否定された後、最初に満洲国を承認したと考えられているのはバチカン（ローマ教皇庁）です」と書かれている。

さらには「バチカンは一九三四年二月二〇日に吉林（津村注・中国吉林《きつりん》省のことか）駐在司教ガスペーを満洲国におけるローマ教皇庁代表に任命し、その旨を一九三四年四月一八日にガスペーより（津村注・満州国）外交部大臣・謝介石《しゃかいせき》宛の書簡によって伝えました」とも言及している。

つまり、これらの記述をそのまま受け取るなら、バチカンは満州国に駐在する大使や公

⑯リットン調査団と満州国の執政溥儀（前列中央）。1932年5月、満州国の首都・新京（現長春）で（上）
⑰満州国承認を祝って掲げられた日の丸と満州国旗。1932年9月15日、東京・銀座4丁目で（下）
（写真提供：共同通信社、⑯も）

使といった国の代表に、ガスペーなる人物を任命し、そのことを満州国にも正式に伝えていたということになる。ホームページには「これを以《も》って、事実上の満洲国承認と考えられており」とか「バチカンに続いて満洲国を国家承認したのは」「バチカンが満洲国を承認した理由については諸説あり」といった記述もあるので、ともかく、バチカンが満州国を国家承認していたのはれっきとした歴史的事実とされていることがわかる。

このホームページに限らず、この時代のことをテーマにした書籍などを当たってみても、バチカンが満州国を承認したという前提での考察が見られ、「バチカンのこうした動きは台頭する中国共産党やソ連の脅威に対抗する日本が〝建国〟した国が満州国であったことから、バチカンは満州国を反共の砦《とりで》になると考えたからだ」と分析するものもあった。

実際、前述のガスペーから満州国外交部大臣・謝介石に宛てて出された書簡や、その内容を日本本国に報告する電報を見てみても、以上のような考察や解釈とは矛盾しないように思える。満州とは現在の中国の遼寧《りょうねい》、吉林《きつりん》、黒竜江《こくりゅうこう》の三省に当たる地域ということで、吉林にバチカンから派遣されていた司教のガスペーが満州国の成立に伴い、駐満州のバチカンの代表になったとの趣旨の通達がされている。

後の時代の客観的な立場にある歴史家も、バチカンは満州国を国家承認したと考えているのだから、当時、満州国を実質支配していた日本政府としては当然ながら、同様に受け取っていたのだろう。国際連盟から脱退し、国際的な孤立を深める中で、世界で独自の存在感を放つ宗教国家バチカンが満州国を認めているというのは日本にとって、非常に大きな意味があったのではないだろうか。

歴史を塗り替える発見

そこでバチカン機密文書である。私が発掘した機密文書には、これまで長々と書いてきたこととはまったく反対のことがはっきり書かれていた。

つまり、バチカンは満州国を国家承認していなかった。のみならず、バチカンはガスペーに満州国における代表としての地位を与えてすらいなかったのだ。

私が見つけたバチカン機密文書によると、ガスペーは満州国が〝建国〟された一九三二年から九年もたった一九四一年三月一五日付の書簡をバチカン本国に向けて送っている。宛先はローマ教皇に次ぐバチカンのナンバー2である国務長官のルイジ・マリオーネであり、その内容は驚きのものだった。

「バチカンの代表と同等の権限を自分に与えてほしい。大使か公使に任命していただきたい」

ガスペーはこのようにローマ教皇庁に求めていたのだ。つまり、一九四一年になっても、ガスペーは自らが駐在する満州国において、バチカンの代表としての権限は与えられていなかったということになる。また大使や公使としての地位も持っていなかったということだ。

ガスペーが、満州国が〝建国〟された一九三二年三月の二年あまり後に、満州国に通達した内容とは明らかに食い違っている。ガスペーがなぜ、このような矛盾する説明を満州国側にしたのかはわからないが、私は、このガスペーのバチカン本国に向けた要請に対する返答を見て、さらに驚愕《きょうがく》した。

ガスペーがバチカンに自らを大使か公使に任命するよう要請したのは一九四一年三月一五日。「返答」がきたのは同年の五月一五日だった。ただし、回答を直接示したのは、書簡の宛先になっていたバチカンナンバー2の実力者、国務長官マリオーネではなく、布《ふ》教聖省《きょうせいしょう》長官のフマソニ・ビオンディだった。一般的な国家の首相に相当し、外交関係に関することもすべて取り仕切る国務長官に対して、布教聖省長官は宗教的な事柄に関する役割を担っている。布教聖省は、現在は福音宣教省と呼ばれている。

ビオンディは国務長官マリオーネの回答として、「満州国と日本、中国の関係は非常にデリケートなものであるため、ガスペー殿の地位について、現時点では変更するべきではないと考える。ガスペー殿は教皇使節（津村注・外交官の代表ではなく、バチカンの宗教的な代表）としての任に就《つ》いており、この肩書を維持することに不都合はないはずである。いずれにせよ、満州国とバチカンの間に外交関係はないため、ガスペー殿が満州国におけるバチカンの正式な代表ではないということを明確にしておく必要があります」と書いている。そして、布教聖省としても、国務長官の判断に従うと付け足しているのである。

「満州国とバチカンの間に外交関係はない」とはっきり書かれていることに驚くが、このアジアの情勢に関わらないようにする理由として「満州国と日本、中国の関係は非常にデリケートなものであるため」と言及していることにも驚いた。有り体にいえば、巻き込まれたくない、ということだ。

私は、中国やバチカンとの関係についての記事を出そうとした際、ローマ教皇庁の高官が「中国と台湾との三者の関係は、きわめて複雑かつ機微に触れる問題だから」としてコメントを拒否したことを思い出した。満州国をめぐるバチカンの対処の仕方は、現在の台湾や中国との関係についての対応にも通じるものを感じる。「不偏」を掲げ、どの国の肩も持たず中立を保つと言えば聞こえはいいが、これでは「触らぬ神にたたりなし」の事なかれ主義ではないだろうか。

私はさらに、太平洋戦争開始直前に駐日ローマ教皇庁教皇使節のパウロ・マレラから、バチカン国務長官ルイジ・マリオーネに対して出された極秘報告書の次の一節を思い出した。

「今週、(日本)軍の筋から得た別の情報があります。蒋介石が(中華民国と)バチカンとの外交関係を樹立しようとしていることは知られていますが、情報提供者は、もしこれが実現すれば日本に重い驚きと嫌悪感をもたらすことになると言いました。南京には(日本軍占領地の親日の)国民政府が成立しているので、バチカンが重慶《じゅうけい》(を拠点とする蒋介石の中華民国)を承認すれば、日本国民はローマ教皇は『あちら側』なのだと結論づけることになると続けました。私は、バチカンはこの種の問題に常にあらゆる考慮と慎重さ、中立性を持って対処する慣例があると答えました」

この「あらゆる考慮と慎重さ、中立性を持って対処する慣例がある」というのも、ものは言いようだなという気がする。以上のことに通底するのは「ややこしいことには関わらないでおこう」という姿勢だと指弾するのは言い過ぎだろうか。

バチカンは外交目標として、「キリスト教精神を基調とする正義に基づく世界平和の確立」を掲げているという。であるならば、本書で取り上げてきた数々の紛争、戦争の局面で、バチカンがやるべきこと、やれたことはもっとあったのではないだろうか。

もちろん、歴史の表舞台に出ている動きというのは氷山の一角よりさらに小さいことが、バチカン機密文書を探ってきた私には実感として理解できる。ただ、ロシアによる侵攻が続くウクライナでの戦争について、現ローマ教皇フランシスコが一度も現地に足を運ぶことなく、種々の発言を繰り返しているのを見ると、なんともやるせない気持ちになる。

むすびに

未明の暗闇《くらやみ》を切り裂くような爆発音が腹に響き、いくつもの大きな黒煙が立ち上っているのが見えた。するはずのない耳障《みみざわ》りな戦闘機の飛行音が断続的に聞こえてくる。戦車や装甲車がものすごいスピードで行き交い、救急車も走り始め、あたりには砲撃と火災に伴う焦げ臭いにおいが立ちこめていた。

ロシアによるウクライナへの侵攻が始まった二〇二二年二月二四日、私は同国の首都キーウにいた。ロシア軍が電撃的な進軍を開始し、逃げる間もなく首都が陥落するのではないかと感じたあのとき、私は死の恐怖で文字通り凍り付いた。

これまでにシリア内戦やガザでの紛争、イラクなどの戦場取材を繰り返してきた私があの日、ウクライナで感じた恐怖は、それまでに経験したどれとも違っていたように思う。

国家総動員令が発令され、大好きなお父さんと離れ離れになることを強《し》いられた小さな女の子が、抱っこをせがみ、目を真っ赤にして泣きはらしているのを目《ま》の当たりにしたときの気持ちを説明するのはかなり難しい。その光景は、太平洋戦争で召集令状の赤紙が届いた父を万歳三唱で送り出した家族の気持ちとは、どのようなものであったかと私に想像させた。

ウクライナ西部リビウでは、女子も含めた高校の生徒たちが授業の一環として練習用の銃を持たされ、射撃訓練を受けていた。「わたしたちの愛国心は今、最高潮に高まっている」と生徒のひとりが悲痛な表情で話してくれたとき、私は竹槍《たけやり》を使ってB—29爆撃機と戦おうとした太平洋戦争下の祖国の市民たちを思い出していた。

戦争で苦しむのはいつも、何の罪もない市井の人々だ。……と頭ではわかっているつもりでいた。だが、私がローマに位置する世界最少の独立国家バチカンの機密文書館で見つけてきた史料群を読み解いていたとき、かつての戦争で筆舌に尽くしがたい苦しみを受けていた人々の心情を、リアルな実感としては分かち合えていなかっただろうことをようやく理解した。

戦争への憎しみや怒り、悲しみ、やるせなさ。それらの生々しい感情がウクライナでは目の前でうずまいており、私はその一端に確かに触れたと思う。

ロシア側のスパイだとの嫌疑を受け、ウクライナ軍の施設で拘束された際、私が持っていたバチカンの記者証入れに一緒にもぐりこませていたローマ教皇フランシスコの写真。厳しい取り調べでとりつく島もなかったウクライナ軍兵士は、教皇が写った一葉の写真を見た瞬間に柔らかな笑みを浮かべ、こちらの言い分に耳を傾け始めてくれた。

戦争で生み出される無辜《むこ》の市民のすさまじい苦しみと、ローマ・カトリック教会のトップにしてバチカン元首の教皇の影響力の大きさ。図らずも、ウクライナでの取材は、この二つのことを実感として私に理解させてくれた。

戦場取材を終えて、しばらく何もやる気にならなかった期間を経て、私はバチカン機密文書の取材を再開した。それまでにはない真剣さがあのときの私にはあったと思う。史料を読み解くことで、太平洋戦争の歴史に埋もれていた事実がいくら明らかになったとしても、人々が受けた苦しみがなくなるわけではない。広島と長崎に原爆が投下された歴史が今から変わることもない。

それでも私が取材を続けたのは、知らなかったことを知り、わからなかったことをわかるようになり、それを社会で共有することが、少しでもよりよい未来を築くための道しるべになるのではないかという思いがあったからだ。

ストレートに言うならば、報道の力を信じたからにほかならない。

本書で明らかにした事実は、一つ一つは「それがどうしたの」と感じられるようなものばかりかもしれない。私というひとりの記者が生涯をかけてなしとげられる仕事も微々たるものかもしれない。

しかし、各国にいるひとりひとりの市井の人々が、それぞれの場所でよりよい未来を築くために何事かを積み重ねるのであれば、必ず世界は変わる。戦争のない平和な世の中は実現する。子どもたちが悲しみで涙を流す必要もなくなる。

甘すぎると笑われてもいい。そんな青くさいことを考えながら、私はこの仕事を続けていきたい。

津《つ》村《むら》一《ただ》史《し》

写真撮影・提供
共同通信社
津村一史

［著者略歴］
共同通信社記者。1979年、鹿児島県に生まれる。東京大学法学部を卒業。2003年、共同通信社に入社し、宮崎支局などを経て本社政治部で鳩山由紀夫、菅直人両首相番を担当する。東日本大震災発生翌日の2011年3月12日、菅首相による東京電力福島第1原発視察に記者としてただ一人同行、全電源喪失が起きた原発で取材を行った。カイロ支局を経て、2015年から本社特別報道室。国際調査報道ジャーナリスト連合（ICIJ）の公式メンバーとしてタックスヘイブン（租税回避地）の実態を暴いたパナマ文書報道に参加。ICIJは2017年のピュリツァー賞を受賞した。同年から2022年末までローマ支局長。2023年から名古屋編集部次長を務め、2024年に起きた能登半島地震を担当している。著書に『中東特派員はシリアで何を見たか』『法王フランシスコの「核なき世界」』（以上、dZERO）、『総理を夢見る男 東国原英夫と地方の反乱』（共著、梧桐書院）がある。

バチカン機密《きみつ》文書《ぶんしょ》と日米開戦《にちべいかいせん》

著者 津村一史《つむらただし》

2024年9月13日　第1刷発行

装丁 大口典子（ニマユマ）
カバー写真 津村一史

発行者 松戸さち子
発行所 株式会社dZERO
http://www.dze.ro/
千葉県千葉市若葉区都賀1-2-5 〒264-0025
TEL: 043-376-7396 FAX: 043-231-7067
Email: info@dze.ro

本文DTP 株式会社トライ
印刷・製本 モリモト印刷株式会社

978-4-907623-73-9